시작하며

영어 학습에서 가장 중요한 것—그것은 중학교 교과서에 나온 기본 동사를 잘 구사하는 것입니다. 기본 동사는 예를 들어 **come, go, get, turn, take** 등이 해당합니다.

어려운 단어를 일절 사용하지 않고, 오직 '중학교에서 배우는 단어'에 의한 학습법, 이것이 가장 빠른 최선의 방법입니다. 중학교 영어이기 때문에, 도중에 포기하는 일 없이 누구라도 무리 없이 계속할 수 있습니다.

한 가지 예를 들어 보겠습니다.

무한히 확장되는 기본 동사

You can **enter** the room without **removing** your coat.는, '코트를 벗지 않고 방에 들어가도 괜찮습니다.'라는 의미이지만, 이런 표현은 보통 회화에서 사용하지 않습니다. 왜냐하면, 실제로는 'enter(~에 들어가다)' 또는 'remove(~을 없애다)'라는 동사는 주로 문어체나 격식을 차리는 경우에 쓰이는 일이 많고, 일상 회화에서는, You can **go into** the room without **taking** your coat **off**.라고 하는 것이 자연스러운 표현입니다.

go into ~(~에 들어가다) 또는 take (~) off(~을 벗다)처럼 <동사 + 전치사>나 <동사 + 부사>의 형태로 하나의 동사처럼 사용되는 표현을 '**구동사**'라고 합니다.

'구동사'라는 말이 감이 오지 않는다면, 동사를 사용하는 '영숙어'라고 생각해도 상관없습니다. 실제로 일상 회화에서는 구동사가 자주 사용되고 있으며, 이 구동사의 습득이야말로 영어 회화를 잘하기 위한 최고의 지름길이 될 것입니다.

더욱이 구동사(영숙어)는 기본 동사를 사용하면서도 많은 의미로 확장됩니다. 예를 들어 '돌아가다, 돌다'를 의미하는 turn은, 여러 가지 움직임이나 방향·장소를 나타내는 전치사 또는 부사와 결합되어 다음 페이지와 같이 다양한 구동사가 됩니다.

하나의 기본 단어인 turn만 가지고도 여러 가지 표현을 배울 수 있다는 것이 실감 나지 않나요?

<turn + 전치사·부사>의 구동사 (영숙어)

※ 140-147 페이지 참조

'격식 차린' 영어에서 '평상복'의 영어로

일상 회화에서 어려운 동사를 사용할 필요는 없습니다.

예를 들어 '담뱃불을 *끄다*'와 '쌍둥이 형제를 분간하다'는 한 단어의 동사로 나타내면 **extinguish** the cigarette와 **distinguish** the twin brothers입니다. 물론, 이 단어들은 영어신문이나 해외 소설을 읽거나 뉴스 청취를 하는 데 필수적인 단어인 것은 말할 것도 없습니다. 그러나, 이런 동사를 회화에서 사용하는 것은 권장하지 않습니다. 만약 회화에서 사용한다면, 회화 자체가 어색한 느낌이 될 뿐만 아니라 '뭔가 연기하고 있구나, 이 사람', '별로네, 이 사람' 등으로 생각될지도 모르기 때문입니다. 실제 회화에서는 **put** the cigarette **out**이나 **tell** the twin brothers **apart**가 자연스러운 표현입니다.

extinguish나 distinguish 같은 라틴어 유래의 비교적 길이가 긴 한 단어 동사는 소위 '격식을 차린' 영어로, put ~ out이나 tell ~ apart 등의 구동사는 '평상복'의 영어로 생각하면 알기 쉬울지 모릅니다(사실, 저도 고등학생 때는 '격식 차린' 영어와 '평상복'의 영어를 구별하지 못했고, '한 단어 동사로 표현하는 쪽이 멋지고, 구동사는 촌스럽다'라는 인상만 가지고 있었습니다). 구동사를 마스터하면, 일상 회화를 매우 유창하게 주고받을 수 있습니다.

물론 구동사는 일상 회화뿐만 아니라, 격식 없는 문장 또는 영어신문에서도 자주 사용됩니다.

'구동사'를 마스터하려면?

구동사를 기억할 때 중요한 것이 하나 있습니다. 그것은 go into ~ = '~에 들어가다'로 기계적인 암기를 하는 것이 아니라, **go(가다)라는 동사의 이미지와 into(~ 안에)라는 전치사의 이미지를 연결하는** 것입니다. 이 경우, 아래 이미지와 같이 '들어가는' 이미지를 파악하는 것이 중요합니다.

He **went into** the room.이라면 '그는 방에 들어갔다'이지만, The car **went into** the wall. 라면 차가 원래는 들어갈 수 없는 벽 안에 들어가는 이미지로부터 '그 차는 벽에 충돌했다'라는 의미가 됩니다.

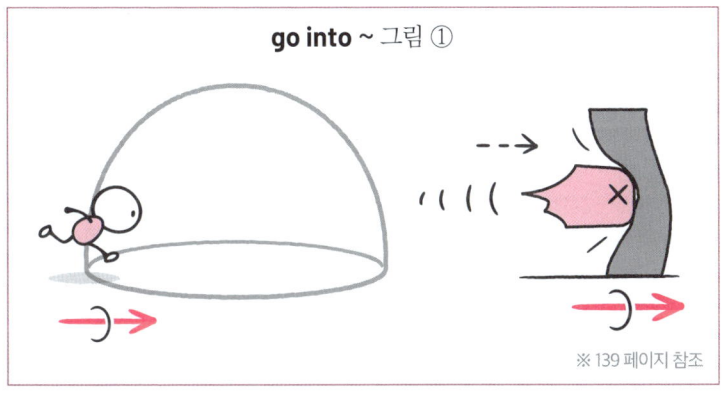

go into ~ 그림 ①

※ 139 페이지 참조

다음으로, 들어가는 장소는 시간적인 것이나 비유적인 것이 되기도 합니다.

The police **went into** the details of the murder. '경찰은 그 살인 사건의 상세한 내용을 조사했다' 또는 The negotiations **went into** the night. '교섭은 밤까지 이어졌다' 등이 그 예입니다.

※ 139 페이지 참조

　이런 일러스트로 go into ~ = '~에 들어가다'라는 이미지를 파악할 수 있다면, 방에 '들어가다'뿐만 아니라, '충돌하다', '조사하다', '계속하다' 등의 의미가 자연스레 머리에 들어옵니다.

　동사·전치사·부사의 기본적인 이미지(단어의 **core**(핵심)라고 합니다)를 파악하고, 그것들을 결합하면 구동사라고 하는 영숙어의 의미를 입체적으로 이해할 수 있습니다. 이 책에서는 그 핵심 이미지를 쉽게 이해하기 위한 최고의 수단으로 일러스트를 싣고 있습니다. 문자로만 기억하는 것과 <문자 + 일러스트>로 기억하는 것을 비교한 경우, 후자 쪽이 훨씬 오래 기억에 남는다는 것은 많은 뇌 과학 연구로 증명되고 있습니다. 자세한 것은 14페이지의 스즈키 씨의 설명을 읽어 보시기 바랍니다.

　구동사를 습득하는 프로세스를 이해할 수 있으신가요? 이 책을 구체적으로 공부하는 방법은 10페이지 이후에 자세히 쓰여 있습니다.

《 이 책의 주요 타깃 》

이 책의 주요 타깃은 영어나 영어 회화의 필요성을 느끼고 있지만 첫걸음을 내딛기 어려운 사람, 영어 회화 공부를 하고 있지만 제자리걸음인 사람들이지만, 대학 수험생도 꼭 읽게 하고 싶다고 생각하고 있습니다. 이 책에서 선정한 영숙어는 회화에 빈번하게 사용될 뿐만 아니라 입시 문제나 영어 검정시험·TOEIC 등 각종 자격시험에 자주 나오는 것을 엄선했기 때문입니다. 입시 제도가 어떻게 바뀐다 해도 소위 영어의 '읽기', '쓰기', '말하기', '듣기' 네 가지 기능 중에서도 특히 말하기 능력의 필요성이 앞으로 점점 높아지는 것엔 변함이 없습니다.

이전 저서인 『어원 덕분에 영어 공부가 쉬워졌습니다(원제: 英単語の語源図鑑)』는 어느 정도의 영어 실력을 갖춘 사람들 대상이지만, 이 책은 사용하는 영어의 대부분이 중학교 수준이라는 것에서도 알 수 있듯이 중학생도 충분히 사용할 수 있는 내용입니다. 영어를 잘하는 중학생 여러분도 꼭 읽어주셨으면 합니다.

마지막으로 이 책이 한 사람이라도 많은 독자의 눈에 띄어, 영어 회화의 비약적인 향상, 영어 실력의 눈부신 발전으로 이어지길 진심으로 바랍니다.

시미즈 켄지

이 책의 구성
제 1 장

    이 책의 구성은 제1장이 29개의 전치사·부사편, 제2장은 37개의 기본 동사에서 이미지를 확장하는 구동사편입니다. 사용 빈도나 중요도, 의미의 그룹에 따라, 제1장을 21개 섹션으로, 제2장을 17개 섹션으로 나눴습니다.

    제1장에서는 전치사와 부사의 본질적인 의미를 단순 명쾌한 해설과 일러스트를 통해 이해합니다. 앞에서 단어의 기본적인 이미지를 '**핵심(core)**'이라고 한 것처럼, away를 단순히 '떨어져'라고 획일적으로 암기하지 않고, 서서히 멀어지는 이미지를 통해 이해합니다. 그리고 away의 어원인 on the way(도중에)의 의미로 거슬러 올라가서, 이로부터 '**점점(부지런히) ~하다**'라는 연속 동작의 의미가 나왔음을 배웁니다.

    그다음 두 페이지에서는 melt away라면 '점점 (눈이) 녹아가는' 모습을, work away라면 '부지런히 일하는' 이미지를 일러스트를 통해 파악해 갑니다. 제1장에서는 제2장에서 다루지 않는 동사 위주로 전치사·부사의 이미지를 철저하게 뇌리에 새긴 후에 제2장으로 이어가고 있습니다.

표제어의 핵심(본질적인 의미)
원어민 음성 듣기

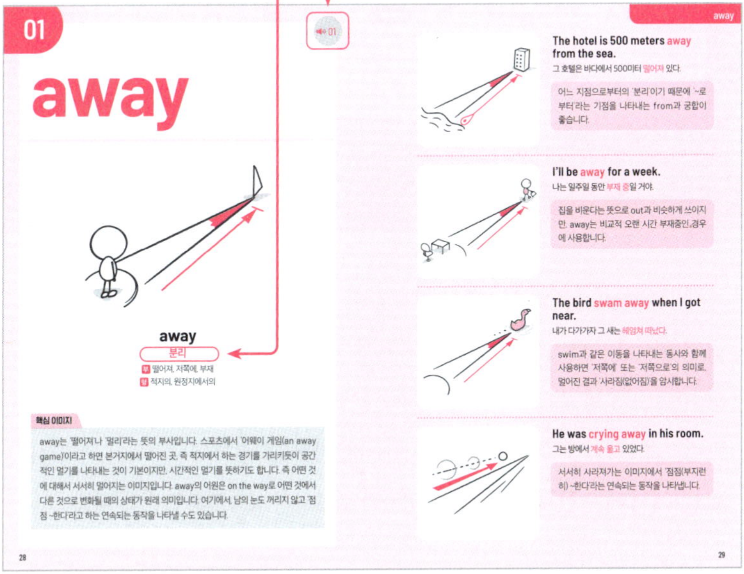

01

away

away
분리
■ 떨어져, 저쪽에, 부재
■ 적지의, 원정지에서의

핵심 이미지

away는 '떨어지다, '멀리다'라는 뜻의 부사입니다. 스포츠에서 '어웨이 게임(an away game)'이라고 하면 본거지에서 떨어진 곳, 즉 적지에서 하는 경기를 가리키(듯이) 공간적인 멀기를 나타내는 것이 기본이지만, 시간적인 멀기를 뜻하기도 합니다. 즉 어떤 것으로부터 서서히 멀어지는 이미지입니다. away의 어원은 on the way로 어떤 것에서 다른 것으로 변해갈 때의 상태가 원래 의미입니다. 여기에서, 남의 눈도 꺼리지 않고 점점 ~한다고 하는 연속되는 동작을 나타낼 수도 있습니다.

The hotel is 500 meters away from the sea.
그 호텔은 바다에서 500미터 떨어져 있다.

어느 지점으로부터의 '분리'이기 때문에 ~로부터라는 기점을 나타내는 from과 궁합이 좋습니다.

I'll be away for a week.
나는 일주일 동안 부재 중일 거야.

집을 비운다는 뜻으로 out과 비슷하게 쓰이지만, away는 비교적 오랜 시간 부재중인 경우에 사용합니다.

The bird swam away when I got near.
내가 다가가자 그 새는 헤엄쳐 떠난다.

swim과 같은 이동을 나타내는 동사와 함께 사용하면 '저쪽에' 또는 '저쪽으로'의 의미로, 떨어진 결과 사라짐(없어짐)을 암시합니다.

He was crying away in his room.
그는 방에서 계속 울고 있었다.

서서히 사라지다가는 이미지에서 '점점/부지런히 ~한다'라는 연속되는 동작을 나타냅니다.

숙어에 사용되는 전치사 · 부사의 핵심

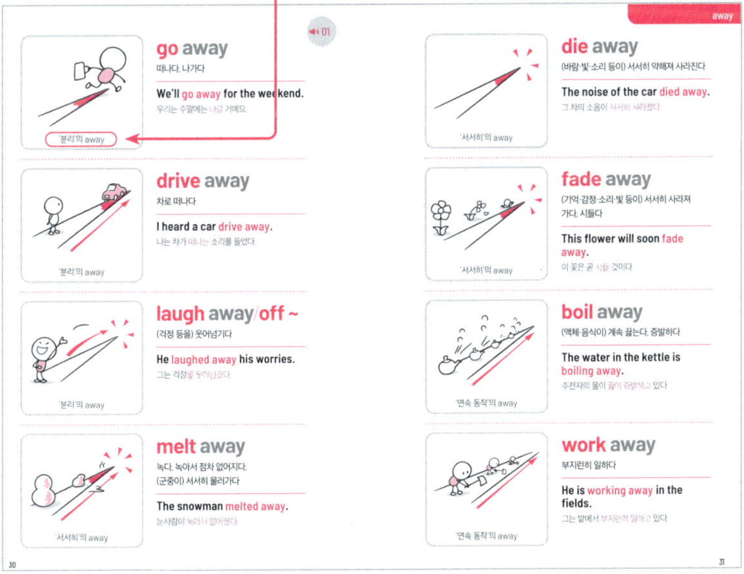

go away
떠나다, 나가다

We'll go away for the weekend.
우리는 주말에는 나갈 거예요.

'분리'의 away

drive away
차로 떠나다

I heard a car drive away.
나는 차가 떠나는 소리를 들었다.

'분리'의 away

laugh away/off ~
(걱정 등을) 웃어넘기다

He laughed away his worries.
그는 걱정을 웃어넘겼다.

'분리'의 away

melt away
녹다, 녹아서 점차 없어지다, (군중이) 서서히 물러가다

The snowman melted away.
눈사람이 녹아서 없어졌다.

'서서히'의 away

die away
(바람 빛 소리 등이) 서서히 약해져 사라진다

The noise of the car died away.
그 차의 소음이 서서히 사라졌다.

'서서히'의 away

fade away
(기억·감정·소리 빛 등이) 서서히 사라져 가다, 시들다

This flower will soon fade away.
이 꽃은 곧 시들 것이다.

'서서히'의 away

boil away
(액체 음식이) 계속 끓는다, 증발하다

The water in the kettle is boiling away.
주전자의 물이 콸콸 끓고 있다.

'연속 동작'의 away

work away
부지런히 일하다

He is working away in the fields.
그는 밭에서 부지런히 일하고 있다.

'연속 동작'의 away

이 책의 구성
제 2 장

　제2장에서는 일상 회화에 절대 없어서는 안 될 37개의 '기본 동사'를 엄선하여 17개의 섹션으로 나누고 있습니다. 여기에서는 go = '가다', come = '오다'라는 한 단어 당 하나의 뜻이 아닌, 해설과 예문, 그리고 일러스트를 통해 동사의 핵심에 다가갑니다. 그리하여 그 **핵심 이미지를 제1장에서 배운 전치사·부사의 이미지와 결합하며 영숙어를 단숨에 배웁니다.**

　이 장에서는 **give**와 **take** 등의 대립이나 **look**과 **see**와 **watch** 등 많은 독자들이 어렵다고 생각하는 **'의미가 비슷한 동사'**도 구분할 수 있도록 구성되어 있습니다. 일러스트와 해설로 비교해가며 이해할 수 있게 했습니다.

　예를 들어 오른쪽 페이지처럼 '당기다'라는 의미의 pull과 draw, '누르다'라는 의미의 push와 press의 차이를 핵심 이미지를 설명한 해설과 일러스트를 통해 배워갑니다.

의미가 비슷한 그룹으로 동사를 나누고 있습니다.

원어민 음성 듣기

07

pull/draw/push/press

07

pull
자신의 쪽으로 '끌어당기다'

draw
부드럽게 '끌어당기다'

push
움직이는 것을 '밀다'

press
위치가 변하지 않는 것을 '밀다'

핵심 이미지

pull은 손으로 단단히 잡고 수평 방향으로든 수직 방향으로든 자기 방향으로 가까워지게 힘을 주어 **'끌어당긴다'**는 것입니다. 동의어 draw는 안정된 속도와 힘으로 일정 방향으로 **'부드럽게 끌어당긴다'**는 것으로, 대상이 되는 물건과 접촉면의 마찰을 느끼지 않게 하는 것이 특징입니다. **자신과 반대 방향에 힘을 주어 이동하는** 것이 push '밀다'이며, 동의어인 press는 위치가 변하지 않는 물건에 대해 **'압력을 가함'**으로써 그 대상물에 영향을 주는 것을 암시합니다.

Don't pull the dog by its tail.
개의 꼬리를 당기지 마세요.

자신의 방향으로 가까워지게 힘을 주어 당기는 것은 pull입니다.

Will you draw me a map to the station?
역까지 가는 지도를 그려 주시겠어요?

연필이나 펜 등으로 부드럽게 선을 긋는 것은 draw입니다.

People at the back, stop pushing.
뒤에 있는 사람들, 그만 밀어요.

자신과 반대 방향으로 힘을 주어 움직이는 것, 즉 '밀다'라는 것은 push입니다.

Grapes are pressed to make wine.
와인을 만들기 위해 포도가 압착된다.

대상물인 포도를 압력을 가함으로써 와인으로 변화시키는 것은 press입니다.

172

173

숙어에 사용되는 전치사 · 부사의 핵심

07

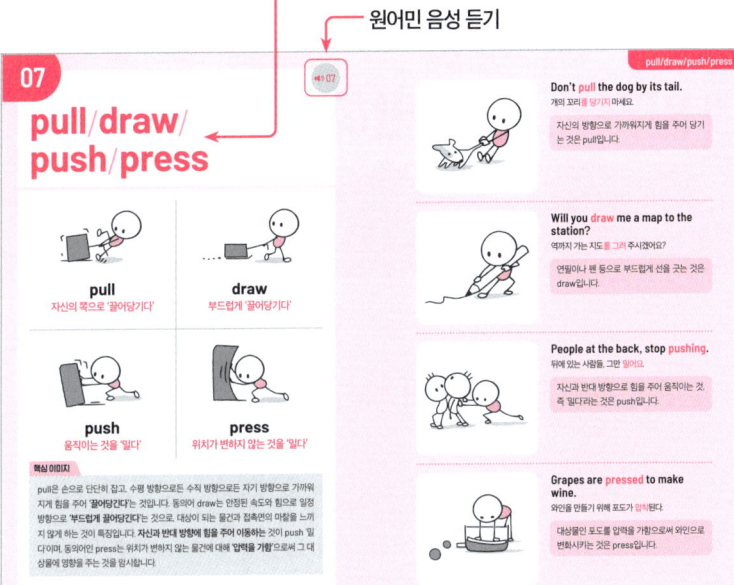

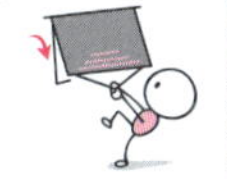

'하강'의 down

pull down ~
~을 내리다, ~을 끌어내리다

Will you pull down the shade?
차양을 내려주시겠어요?

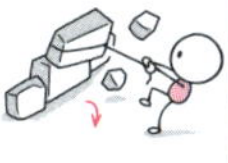

'하강·정지'의 down

pull down ~
~을 헐다

The Berlin Wall was finally pulled down.
베를린 장벽은 마침내 무너졌다.

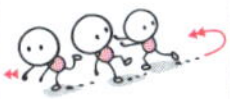

'뒤로'의 back

pull back (~)
물러나다, 후퇴하다, ~을 후퇴시키다

The soldiers were told to pull back.
병사들은 후퇴하라는 말을 들었다.

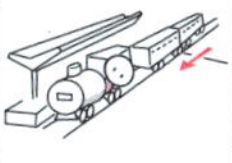

'안에'의 in

pull in
(열차·버스·배 등이) 도착하다, 들어오다

The train pulled in on schedule.
열차는 예정대로 도착했다.

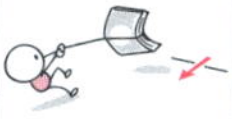

'안에'의 in

pull in ~
~을 벌다

He pulled in a lot of money by gambling.
그는 도박으로 큰돈을 벌었다.

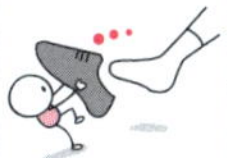

'분리'의 off

pull off ~
~을 급하게 벗다, ~을 잡아당겨 잡다(벗다)

Don't pull off your shoes.
신발을 당겨서 벗지 마

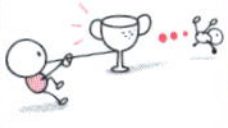

'분리'의 off

pull off ~
~을 잘 완수하다, ~을 쟁취하다

He pulled off the win.
그는 승리를 쟁취했다.

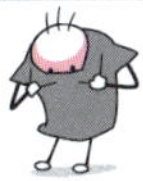

'접촉'의 on

pull on ~
~을 잡아당겨 입다, ~을 급하게 몸에 걸치다

Don't pull on my T-shirt.
내 티셔츠를 잡아당겨 입지 마

174

175

이 책의 일러스트에 관해

일러스트의 파악이 영어 학습에 유효한 이유는

『어원 덕분에 영어 공부가 쉬워졌습니다』에서는 영단어의 의미를 어원 형성 원리로부터 일러스트로 풀어서 설명해, 많은 분으로부터 '이미지화 하기 쉽다'라는 높은 평가를 받았습니다. 일러스트를 기존의 학습서처럼 단순한 '삽화' 또는 설명문의 '장식' 정도로 본다면 효과는 한정적이지만, 일러스트를 통해 단어의 이미지를 확장할 수 있다면 '어휘를 줄줄이 늘릴 수 있다', '정확한 의미를 안다', '기억에 깊게 새겨질 수 있다'라는 3가지 효과를 얻을 수 있습니다.

우리는 영어를 배울 때, 영단어를 '번역어'로 파악하기 쉽습니다. 즉, '영어라는 기호'와 '모국어라는 기호' 사이의 변환 작업 능력을 익히는 연습을 하기 쉽습니다. 수험 영어 수준에서는 어느 정도는 그것으로 어떻게든 되지만, 영어를 직접 구사한다면 그 정도로는 어떻게 대처하기 어렵습니다. 영어를 자유자재로 구사하는 것에는 영어를 번역어로 한 '기호'가 아닌 단어의 진정한 '의미'를 파악하는 것이 필요합니다. 이 책에서는, 그것을 가능하게 하기 위해 『어원 덕분에 영어 공부가 쉬워졌습니다』의 일러스트를 사용하였습니다.

『영숙어 덕분에 영어 공부가 쉬워졌습니다』에서의 일러스트 표현에 관해

『어원 덕분에 영어 공부가 쉬워졌습니다』의 일러스트가 '단어의 형성 원리'를 그림으로 풀이하고 있는 반면 이 책에서는 동사 또는 전치사·부사, 나아가 그것의 조합이 무엇을 나타내는가를 설명하고 있습니다. 또한 더욱 이해하기 쉽도록 색 구분이나 기호를 사용했습니다. 색 구분의 대체적인 규칙은 다음과 같습니다.

*단, 동사가 자동사와 타동사로 나뉘고, 같은 단어에 전치사와 부사 모두의 사용법이 포함되는 경우도 있어 완전히 통일된 규칙의 색 구분은 불가능했습니다. 또한, 구분한 색에 의해 오히려 혼란스러워지는 경우도 있어 엄격한 규칙은 따르지 않았습니다.

① 연분홍은 동사가 나타내는 동작 또는 그 동작의 주어를 나타냅니다. 하나의 동사로도 다의어의 경우에는 같은 기호나 그림으로는 표현할 수 없는 것도 있어서 복수의 표현이 존재하는 경우도 있습니다.

② 진분홍은 전치사·부사가 나타내는 위치, 방향 또는 움직임을 나타냅니다. 예를 들면 화살표나 삼각형이 사용되었습니다. 이것도 동사와 마찬가지로 같은 기호나 그림에서는 표현되지 않는 것도 있어 복수의 표현이 존재합니다.

③ 회색은 주로 동작을 받는 대상 (동사의 목적어) 또는 전치사의 대상물 등을 나타내고 있습니다 (전부는 아닙니다).

예를 들어 run after에서는 run(자동사)의 동작의 주어(고양이)를 연분홍으로 나타내고, 전치사 after를 진분홍으로, after의 대상(쥐)을 회색으로 나타내고 있습니다.

pick up에서는 pick(타동사)의 동작의 주어(인간)를 연분홍으로 나타내고, 부사 up을 진분홍으로, 목적어(주워 올려지는 것)를 회색으로 각각 표시하고 있습니다.

여러 단어가 조합된 숙어의 경우, **동사의 이미지와 전치사·부사의 이미지 조합으로 파악한다면, 영숙어를 번역어로 이해하는 것보다 간단하고 정확하게 이해할 수 있습니다.**

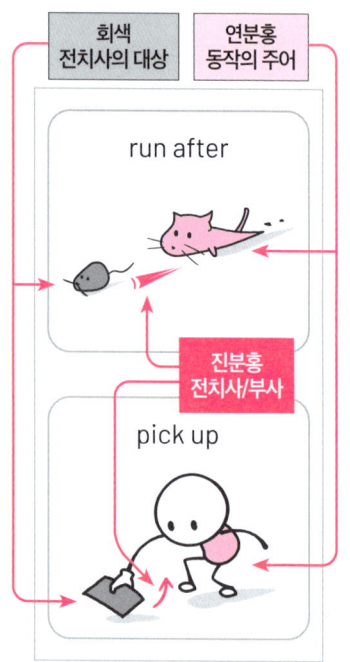

게재된 예문을 바탕으로 구체적인 상황을 나타낸 일러스트도 있지만, 되도록 추상적인 의미를 표현하고 있습니다. 이해하기 쉬운지를 우선으로 했으며 색은 어디까지나 보조 수단이므로, 일러스트를 통해 영숙어의 '진정한' 의미를 느껴 보십시오.

스즈키 히로시

이 책에서 얻는 3가지 효과

효과 1
원어민 음성으로 회화 능력이 몸에 밴다

이 책의 모든 표제어와 예문에 원어민 음성이 있습니다. 유아는 주로 부모나 주위에 있는 사람들이 말하는 단어나 표정, 그리고 그때의 상황을 자신의 눈과 귀로 반복해서 보고 듣고 그것을 흉내냄으로써 마침내 음성을 내게 됩니다.

이 책에 있는 부속 음성을 잘 활용하면, **원어민 유아와 같은 환경에서 자연스레 영어를 익힐 수 있게 됩니다.** 원어민의 발음을 들으며 일러스트를 보고 학습하면 효과는 한층 커집니다.

효과 2
'비슷한 동사'의 의미 차이를 안다

제2장에서는 일상 회화에서의 빈출 기본 동사를 다루었으며, pull /

draw(당기다), push / press(누르다), drop / fall(떨어지다), put / set(두다), keep / hold / leave(유지하다), look / see / watch(보다), run / work / move(움직이다), come / go / turn(~이 되다) 등의 차이에 관해서도 일러스트를 통해 자연스레 익힐 수 있게 됩니다.

예를 들어 **look**과 **watch**는 Look at her bag.과 Watch her bag for a moment.의 예문과 일러스트를 통해, 전자가 '그녀의 가방을 봐'라는 그저 시선을 향한다는 의미인 것에 반해, 후자는 누군가가 가져가지 않도록 '그녀의 가방을 좀 보고 있어'라는 의식을 집중시켜 본다는 의미의 차이를 자연스레 알 수 있도록 궁리했습니다.

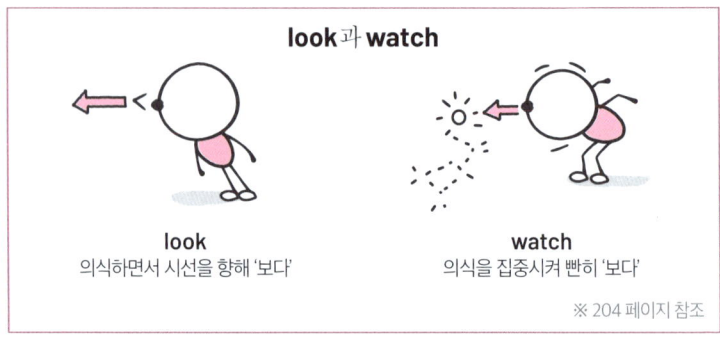

look과 **watch**

look
의식하면서 시선을 향해 '보다'

watch
의식을 집중시켜 빤히 '보다'

※ 204 페이지 참조

또 see a movie와 watch a movie의 차이도 전자가 영화관 등의 큰 스크린에 비친 것이 자연스레 눈에 보인다는 의미인 것에 반해, 후자가 텔레비전의 화면에 나오는 것을 눈으로 좇듯이 본다는 의미임을 원어민 감각으로 이해할 수 있게 됩니다.

see와 watch

see
어떤 것을 시각으로 파악해 '보다', 보이다'

watch
의식을 집중시켜 빤히 '보다'

※ 204 페이지 참조

효과 3 : 여러 의미를 가진 구동사를 구분해서 쓸 수 있다

구동사 중에는 1개의 형태로 많은 의미를 갖는 것도 있습니다. 예를 들어, 새가 먹이를 쫀다는 이미지가 동사 **pick**의 핵심 이미지이지만, 그것이 '상승'을 나타내는 부사 up과 결합하면 pick up이 되면서 여러 의미를 가집니다.

pick up 하는 대상이 물건이라면 '줍다', 사람이라면 '(차로) 데리러 가다', 단어라면 '듣고 배우다'의 의미가 됩니다.

pick up ①

'줍다'   '(차로) 데리러 가다'   '듣고 배우다'

※ 268-269 페이지 참조

또한, 대상이 사람이라면 '**작업을 걸다**', 주체가 경기나 병이라면 '**회복하다**', 대상이 상품이라면 '**내친김에 사다**' 등의 의미가 됩니다.

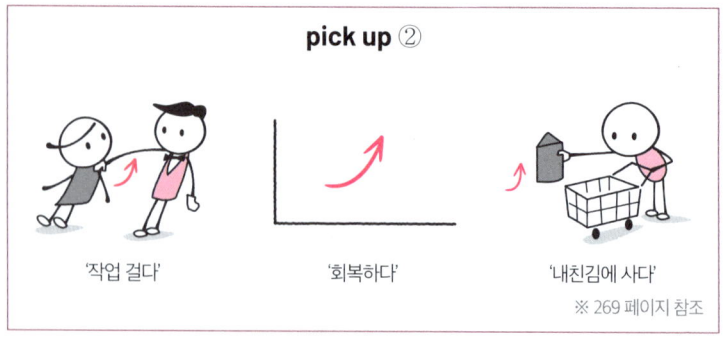

※ 269 페이지 참조

한국어라면 언뜻 보기에 완전히 다른 표현이지만, pick과 상승하는 up의 이미지를 결합하면 간단하게 암기할 수 있습니다.

구동사에서 전치사와 부사의 차이

전치사와 부사의 차이는 간단하게 말하면 전치사는 뒤에 명사가 오며, 부사는 뒤에 명사가 올 수 없다는 것입니다. 예를 들면, I will arrive in Tokyo tomorrow. '나는 내일 도쿄에 도착합니다'의 in은 전치사, I will be in tomorrow. '나는 내일 집에 있습니다'의 in은 부사입니다. 이처럼, 같은 in에서도 전치사와 부사의 용법이 있습니다.

이 책에서 다루는 것 중에는 at / from / with / of 등 전치사의 용법 밖에 없는 것과 up / down / off / in / on / out 등 전치사와 부사 용법이 모두 있는 것이 있습니다. 기본적으로는 의미의 차이가 없기 때문에 어느 쪽인지 구별할 필요는 없습니다. 그러나, 여기에서 설명하는 것을 읽은 후에 이 책을 읽어 나간다면 더 깊게 이해할 수 있을 것이라고 생각합니다.

〈동사＋부사〉 구동사의 특징

He put the cap on his head.는 '그는 모자를 머리에 얹었다', 즉 '그는 모자를 썼다'이며, 이 경우 on은 전치사입니다. 그러나 모자를 머리에 쓰는 것은 당연하기 때문에, 실제로는 his head를 생략해 He put the cap on. '그는 모자를 썼다'라고 나타냅니다. 이때의 on은 부사입니다. 요약하면 put ~ (명사) on으로, '~를 착용하다'라는 의미의 구동사가 되는 것입니다.

He put the cap on. 같이 <동사+명사(목적어)+부사>의 구동사는 He put on the cap.으로 순서를 바꾸어 말할 수도 있습니다. 둘의 차이는 말을 알기 쉽게 하기 위해, '듣는 사람이 아는 것부터 말하기 시작한다'라는 영어의 규칙 때문입니다. 즉, He put the cap on.의 어순은 그가 이미 모자를 가지고 있다는 것을 전제로 그것을 어떻게 했는지를 듣는 사람에게 알리고 싶은 마음이 나타나 있습니다. 한편, He put on the cap.의 어순은 그가 무언가를 착용하려 하고 있다는 것을 전제로, 그 대상이 되는 것을 듣는 사람에게 알리고 싶어 한다는 차이가 있습니다.

이처럼 영어에는 주요한 정보는 문장 끝에 전달하는 '문말 초점'이라는 규칙이 있습니다. 표현을 조금 바꿔, 더 알기 쉽게 설명하겠습니다. Put your cap on.은 on을 강하게 발음한다면 모자를 쓰려고 하지 않는 아이에게 '모자를 쓰세요'라고 말하고 있는 것인데 반해, your를 강하게 발음한다면 다른 모자를 쓰려고 하는 아이에게 '자신의 모자를 쓰세요'라고 하는 것과 같은 차이를 전달할 수 있습니다.

Put your cap on.은 모자가 눈앞에 있는 것을 전제로 하면, 대명사 it을 사용해 Put it on.이라고 말해도 됩니다.

또한, 대명사는 성질상 초점은 될 수 없다는 점과 말의 어조 때문에 Put on it.이라고 말할 수 없습니다.

부사의 어순

Put your cap **on**.	○
Put **on** your cap.	○
Put it **on**.	○
Put **on** it.	X

한편, 전치사는 부사와 달리 항상 <동사+전치사+명사>의 어순뿐입니다. 예를 들어 '그는 버스에 탔다'는 He got on the bus., '그는 버스에서 내렸다'는 He got off the bus.입니다.

전치사의 어순

He got **on / off** the bus.	○
He got the bus **on / off**.	X
He got **on / off** it.	○

시미즈 켄지

CONTENTS

시작하며 ·· 3
이 책의 구성 (제1장   제2장) ·· 10
이 책의 일러스트에 관해 ·· 14
이 책에서 얻는 3가지 효과 ·· 17
구동사에서 전치사와 부사의 차이 ·· 21

제1장
전치사와 부사의 이미지를 파악한다

01 away ···································· 28
02 off ······································· 32
03 up ·· 36
04 down ···································· 44
05 over ····································· 48
06 out ······································· 52
07 in ··· 58
08 at ··· 62
09 on ·· 68
10 to ··· 72
11 for ·· 76
12 from ····································· 82
13 of ··· 86
14 with ····································· 90
15 by / aside ···························· 96
16 into ······································ 100
17 after / along / across ········· 104
18 out of / through ·················· 108
19 about / around ···················· 112
20 back / forward / ahead ········ 116
21 together / apart ·················· 120

제2장
기본 동사의 이미지를 파악한다

01 come ·································· 126
02 go ·· 132
03 turn ····································· 140
04 get ······································· 148
05 bring / take / carry ········ 156
06 put / set ···························· 162
07 pull / draw / push / press ······ 172
08 keep / hold / leave ·············· 182
09 take / give ························· 192
10 look / see / watch ·············· 204
11 stand / stay / sit ··············· 212
12 drop / fall ··························· 220
13 make / let ·························· 226
14 run / work / move ············· 234
15 break / cut ························· 246
16 pass / hand ······················· 256
17 throw / pick ······················· 262

색인 ··· 270
마치며 ··· 280

제 1 장

전치사와 부사의
이미지를 파악한다

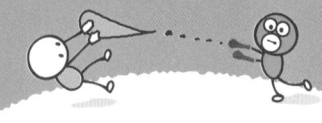

QR Code

01

away

away
분리

부 떨어져, 저쪽에, 부재
형 적지의, 원정지에서의

핵심 이미지

away는 '떨어져'나 '멀리'라는 뜻의 부사입니다. 스포츠에서 '어웨이 게임(an away game)'이라고 하면 본거지에서 떨어진 곳, 즉 적지에서 하는 경기를 가리키듯이 공간적인 멀기를 나타내는 것이 기본이지만, 시간적인 멀기를 뜻하기도 합니다. 즉 어떤 것에 대해서 서서히 멀어지는 이미지입니다. away의 어원은 on the way로 어떤 것에서 다른 것으로 변화될 때의 상태가 원래 의미입니다. 여기에서, 남의 눈도 꺼리지 않고 '점점 ~한다'라고 하는 연속되는 동작을 나타낼 수도 있습니다.

away

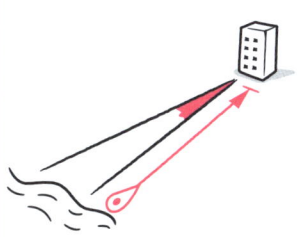

The hotel is 500 meters away from the sea.
그 호텔은 바다에서 500미터 떨어져 있다.

> 어느 지점으로부터의 '분리'이기 때문에 '~로부터'라는 기점을 나타내는 from과 궁합이 좋습니다.

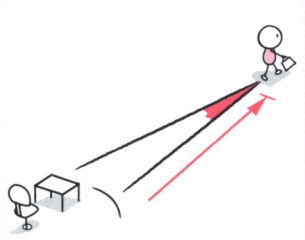

I'll be away for a week.
나는 일주일 동안 부재 중일 거야.

> 집을 비운다는 뜻으로 out과 비슷하게 쓰이지만, away는 비교적 오랜 시간 부재중인 경우에 사용합니다.

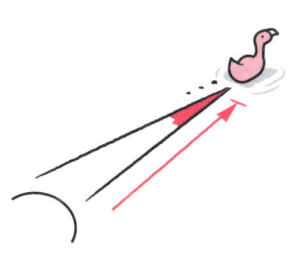

The bird swam away when I got near.
내가 다가가자 그 새는 헤엄쳐 떠났다.

> swim과 같은 이동을 나타내는 동사와 함께 사용하면 '저쪽에' 또는 '저쪽으로'의 의미로, 멀어진 결과 '사라짐(없어짐)'을 암시합니다.

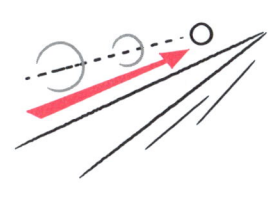

He was crying away in his room.
그는 방에서 계속 울고 있었다.

> 서서히 사라져가는 이미지에서 '점점(부지런히) ~한다'라는 연속되는 동작을 나타냅니다.

'분리'의 away

go away

떠나다, 나가다

We'll go away for the weekend.
우리는 주말에는 나갈 거예요.

'분리'의 away

drive away

차로 떠나다

I heard a car drive away.
나는 차가 떠나는 소리를 들었다.

'분리'의 away

laugh away/off ~

(걱정 등을) 웃어넘기다

He laughed away his worries.
그는 걱정을 웃어넘겼다.

'서서히'의 away

melt away

녹다, 녹아서 점차 없어지다,
(군중이) 서서히 물러가다

The snowman melted away.
눈사람이 녹아서 없어졌다.

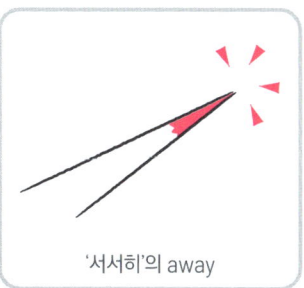

'서서히'의 away

die away

(바람·빛·소리 등이) 서서히 약해져 사라지다

The noise of the car died away.
그 차의 소음이 서서히 사라졌다.

'서서히'의 away

fade away

(기억·감정·소리·빛 등이) 서서히 사라져 가다, 시들다

This flower will soon fade away.
이 꽃은 곧 시들 것이다.

'연속 동작'의 away

boil away

(액체·음식이) 계속 끓는다, 증발하다

The water in the kettle is boiling away.
주전자의 물이 끓어 증발하고 있다.

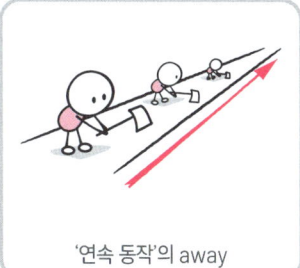

'연속 동작'의 away

work away

부지런히 일하다

He is working away in the fields.
그는 밭에서 부지런히 일하고 있다.

02

off
분리

전 ~에서 밖으로
부 떨어져서, 저쪽으로, 끊어져서, 말끔히

핵심 이미지

off는 '**분리**'를 나타내는 전치사 of의 강조형으로 생겨난 말입니다. away와 마찬가지로 off는 공간적으로 떨어져 있을 뿐만 아니라 시간적으로 떨어져 있음을 나타냅니다. 또한 '떠난' 상태를 나타내는 부사 away는 '**서서히**' 멀어지는 것에 초점이 맞춰지는 데 비해, off는 '**순간**' 멀어지는 것에 초점이 맞춰지는 차이가 있습니다.

off

The station is two kilometers off.
역은 2km 떨어져 있다.

공간적으로 2km 떨어져 있는 상태를 나타내고 있습니다.

He finished off the work.
그는 단숨에 그 일을 끝냈다.

순간에 멀어지는 off는 동사에 붙으면 단번에 또는 완전히 '완료한다'라는 뉘앙스를 전합니다.

What time does the game kick off?
그 경기는 몇 시에 시작하나요?

축구에서 경기 시작 신호는 '킥오프(kick off)'입니다. 여기에서 off는 '동작의 개시'를 암시합니다.

He switched off the TV.
그는 TV를 껐다.

이 자리를 떠나는 것에서 off에는 '소실'의 의미가 생깁니다. 여기에서 본래의 기능이 정지하거나 중단되는 상태를 나타냅니다.

'분리'의 off

fall off (~)

(~에서) 떨어지다, 저하하다, 쇠약해지다

The jockey fell off the horse.
기수는 말에서 떨어졌다.

'분리'의 off

show off ~

~을 과시하다

He's always showing off his watch.
그는 항상 그의 손목시계를 자랑하고 있다.

'분리'의 off

call off ~

~을 중지하다, ~을 취소하다

The concert was called off.
그 콘서트는 취소되었다.

'소실·중단'의 off

lay off ~

~을 일시 해고하다,
(바람직하지 않은 것)을 그만두다

The president laid off 50 employees.
사장은 직원 50명을 해고했다.

'완료'의 off

clear off ~
~을 깨끗이 정리하다

She cleared off the table.
그녀는 탁자를 깨끗이 치웠다.

'완료'의 off

pay off ~
(빚을) 완제하다(다 갚다)

I have to pay off all my debts in a year.
나는 1년 안에 빚을 다 갚아야 한다.

'개시'의 off

start off
움직이다, 시작하다

Let's start off with a beer.
맥주 한 잔으로 시작하자.

'개시'의 off

move off
출발하다, 움직이기 시작하다

The train moved off with a jerk.
기차가 덜컥 움직이기 시작했다.

03

up

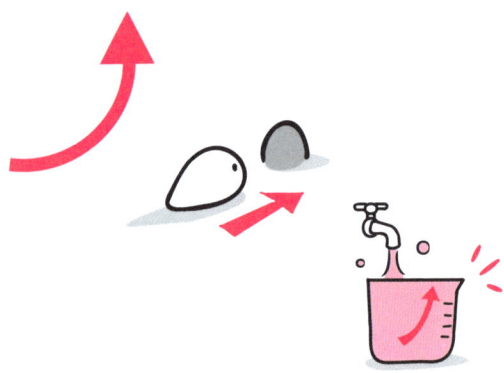

up
상승

부 올라가, 다가가, 높아져, 끝나서
전 ~위에, ~의 상류로
형 상방(위쪽)으로, 올라가는

핵심 이미지

'위쪽으로'라는 의미의 부사인 up은 어떤 목표를 향해 **낮은 곳에서 높은 곳으로의 상승 운동**이 기본인데, 항상 그 기세를 느낄 수가 있습니다. 그러나 기세가 있는 운동도 목표에 이른 후에는 그 운동을 마치게 되는 것이고, 거기로부터 **'소멸, 완료, 무활동'**의 의미가 생겨납니다. 반면에 목표물이 있는 높은 곳에서 보면 아래에서 다가오는 것이 되므로 여기에서는 **목표물 또는 중심으로 향하는 '접근'**의 이미지가 생겨나게 됩니다.

up

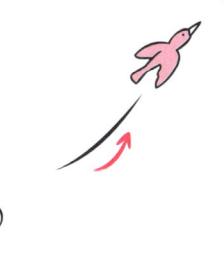

The rocket flew up into the sky.
로켓은 상공으로 날아올라 갔다.

낮은 곳에서 높은 곳으로의 '상승' 운동이 up 입니다.

The boy grew up to be a doctor.
그 소년은 성장해서 의사가 되었다.

아이에서 어른으로의 '변화'를 이미지화합니다.

The car is speeding up.
그 차가 점점 가속하고 있다.

차의 속도에 '기세'가 느껴집니다.

Time's up.
시간이 종료됩니다.

제한 시간이 꽉 찬 상태, 즉 종료 시간을 의미합니다.

'상승'의 up

dig up ~
~을 파내다, ~을 발굴하다

Can you dig up this plant?
이 식물을 파낼 수 있을까요?

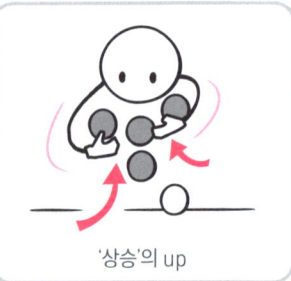

'상승'의 up

gather up ~
~을 주워 모으다

Gather up your toys.
자기 장난감을 주워 모으세요.

'상승'의 up

show up
(약속대로) 나타나다

He didn't show up at the party.
그는 파티에 나타나지 않았다.

'상승'의 up

count up
열거하다, 하나하나 세다

Can you count up to 20 in English?
영어로 20까지 셀 수 있어요?

'상승'의 up

wake (~) up

~을 깨우다, 일어나다

Wake me up at six tomorrow morning.
내일 아침 6시에 저를 깨워주세요.

'상승'의 up

speak up

큰 목소리로 말하다, 분명히 말하다

Speak up! I can't hear you.
큰 소리로 말하세요! 안 들려요.

'상승'의 up

add up (~)

~을 합하여 계산하다, ~의 합계를 내다, (계산이) 맞다

Add up these figures quickly.
빠르게 이 숫자들의 합계를 내세요.

'상승·완료'의 up

hang up

전화를 끊다

Don't hang up on me.
전화를 끊지 마세요.

'접근'의 up

catch up (with ~)

(~을) 따라잡다, 알다, 알리다

He studied hard to catch up with his classmates.
그는 반 친구를 따라잡기 위해 열심히 공부했다.

'기세'의 up

hurry up

서두르다

Hurry up!
서둘러!

'변화'의 up

brush up (on ~)

(~을) 닦는다, (~을) 다시 닦다

I want to brush up on my English.
나는 내 영어를 다시 갈고닦고 싶다.

'완료'의 up

use up ~

~을 탕진하다

He used up all the money in one day.
그는 하루에 모든 돈을 다 써 버렸다.

'완료'의 up

eat up (~)

(~을) 먹어 치우다,
음식을 남기지 않고 먹다

Eat up your fish.
생선을 다 먹어라.

'완료'의 up

drink up (~)

(~을) 다 마시다

Drink up your orange juice.
오렌지 주스를 다 마셔라.

'완료'의 up

burn up (~)

다 타버리다, (~을) 다 태워 버리다

The plane burned up in the crash.
그 비행기는 추락으로 다 타 버렸다.

'완료'의 up

fill ~ up

~을 채우다, ~을 배부르게 하다

Fill it up, please.
(주유소에서) 가득 넣어주세요.

'완료'의 up

end up (~)

(마지막이 ~로) 끝나다

The farmer ended up as President.

그 농부는 결국 대통령이 되었다.

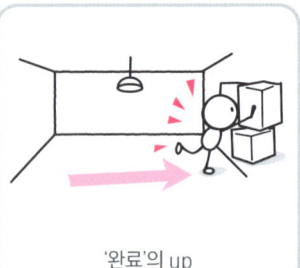

'완료'의 up

clear up ~

~을 정리하다, ~을 해결하다

Help me clear up the room.

방 정리하는 것 좀 도와줘.

'완료'의 up

clear up

날씨가 개다

The sky cleared up after the storm.

폭풍우 뒤에 하늘은 맑게 개었다.

'완료'의 up

line up (~)

정렬하다, ~을 정렬시키다

Please line up in two rows.

두 줄로 나란히 서 주세요.

'완료'의 up

lock up ~
~에 자물쇠를 잠그다, ~을 가두다

Don't forget to lock up the house.
집 잠그는 것을 잊지 마세요.

'완료'의 up

shut up (~)
~을 닫다, 입 다물게 하다

Shut up!
입 다물어!

'상승·기세'의 up

blow up (~)
(타이어·풍선)을 부풀리다

Will you blow up the tire of my bike?
내 자전거 타이어에 공기 좀 넣어 주시겠어요?

'완료'의 up

blow up (~)
~을 폭파하다, 폭발하다

The dynamite blew up the big rock.
다이너마이트가 그 큰 바위를 폭파했다.

04

down

down
하강

부 밑으로, 내려가서, 줄여서, 완전히
전 ~의 밑에
형 아래로의, 내려가는

핵심 이미지

up이 '아래로부터 위로'라고 하는 상승 운동을 나타내어 기세를 느끼게 하는데 반해, down은 **'위에서 아래로'라고 하는 하강 운동**을 나타내어 **기세가 쇠약**해짐을 느끼게 하는 것이 특징으로, 최종적으로는 **운동의 정지**를 나타낼 수도 있습니다. 공중에 떠 있는 불안정한 상태에서 아래로 가라앉는, 즉 **일시적인 안정 상태**를 나타냅니다. 또한 up이 아래에서 위로 접근하는 것을 암시하는 반면, down은 아래 방향으로의 '**분리**'를 암시합니다.

down

Put your hand down.
손을 내리시오.

위에서 아래로 '하강' 운동은 down입니다.

The train slowed down.
열차는 속도를 줄였다.

달리는 속도의 '약세'를 나타내는 것은 slow down입니다.

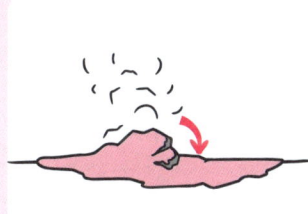

This scrap metal will be melted down and used again.
이 금속 부스러기는 녹여서 재사용될 겁니다.

일단 아래에 도착한 것은 그 이상의 운동을 할 수 없기 때문에 '완전히'나 '철저하게'의 의미가 생겨납니다.

He settled down on the sofa.
그는 소파에 편히 앉았다.

이 down은 아래에 자리 잡는 것으로 settle down은 그 밖에도 '몸을 굳히다', '정착하다', 분노·고통·폭풍 등이 '가라앉다' 등의 의미가 있습니다.

'하강'의 down

fall down
쓰러지다

The building suddenly fell down.
그 빌딩은 갑자기 쓰러졌다.

'하강·안정'의 down

write down ~
~을 적어 두다

Write down your name and address.
당신의 이름과 주소를 적어 주세요.

'하강·안정'의 down

lie down
눕다

I want to lie down on the sofa.
소파에 눕고 싶어.

'하강·안정'의 down

lay down ~
~을 내려놓다, ~을 그만두다

The soldiers laid down their weapons.
병사들은 무기를 내려놓았다.

down

'하강·안정'의 down

calm down (~)

차분하다, 고요하다, ~을 진정시키다, ~을 가라앉히다

I hope things will calm down.
사태가 진정되길 바라요.

'하강·완전'의 down

burn down (~)

~을 전소시키다, 전소하다

My house was burned down.
우리 집은 전소했다.

'하강·완전'의 down

shut/close down ~

~을 폐쇄하다, ~을 종료시키다

They decided to shut down the branch.
그들은 그 지점을 폐쇄하기로 결정했다.

'하강·안정·약세'의 down

die down

점차 잦아들다

The wind died down.
바람은 점차 잦아들었다.

05

over

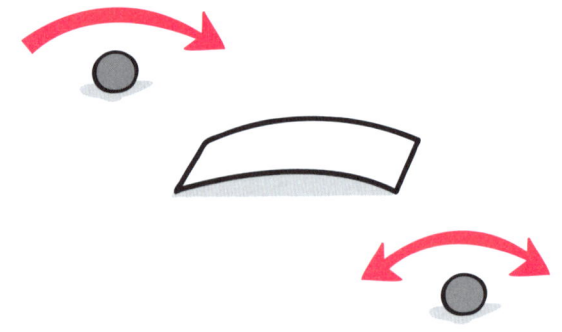

over
위로

부 넘어서, 덮어서, 끝나서, 반복해서
전 ~위에, ~을 넘어서, ~동안

핵심 이미지

어떤 물체 위를 반원을 그리듯 **끝부터 끝까지 통과하는 운동이나 끝에서 끝까지 덮은 상태**가 over의 핵심 이미지로, 단순하게 어떤 물체의 '위로'나 '넘어서'의 의미가 있습니다. 끝에서 끝까지의 거리는 다양하지만, **심리적으로 먼 거리**도 암시합니다. 거리는 공간적인 것뿐만 아니라 시간적인 것도 포함됩니다. 가령 over the summer vacation이라고 하면 방학 시작부터 끝까지, 즉 '여름 방학 동안'의 의미가 됩니다.

He **flew over** to America.
그는 미국으로 건너갔다.

대륙과 대륙 사이에 가로 놓인 해양을 넘어 멀리 미국에 건너갔다고 하는 뉘앙스로 심리적 또는 물리적인 먼 거리를 느끼게 합니다.

School is **over**.
수업이 끝났습니다.

수업의 시작부터 끝까지 통과하는 것에서 '수업이 끝났다'는 뜻이 됩니다.

Can I **start over** from the beginning?
처음부터 다시 시작해도 될까요?

끝에서 끝까지 통과한 후에 제자리로 돌아가는 운동, 즉 '반복' 운동도 over입니다. over and over (again)라고 하면 '몇 번이고 여러 번'이라는 뜻입니다.

Let's discuss this matter **over** lunch.
점심을 먹으면서 이 문제를 논의합시다.

이 over는 음식 위에 얼굴이 있는 정경을 떠올릴 수도 있고, 음식을 먹는 반복적인 행위라고 생각할 수도 있습니다.

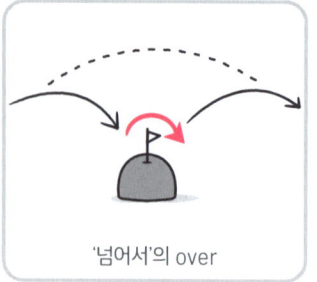

'넘어서'의 over

stop over

(여행 도중에) 들르다, 숙박하다, 도중에 내리다

I stopped over at Hong Kong.
홍콩에서 도중에 내렸다.

'넘어서'의 over

cross over ~

~을 건너다

Let's cross over that bridge.
저 다리를 건너자.

'넘어서·호를 그리며'의 over

lean over

구부리다

He leaned over and picked up a wallet.
그는 몸을 굽혀 돈지갑을 주웠다.

'넘어서'의 over

boil over

끓어넘치다

The soup is boiling over.
국이 끓어넘치고 있다.

over

'넘어서'의 over

roll over
뒤집히다, 구르다, 뒤척이다

The car rolled over in the street.
그 차는 거리에서 뒤집혔어요.

'반복'의 over

talk over ~
~을 의논하다, ~을 상담하다

Let's talk it over later.
나중에 그 일을 의논합시다.

'반복'의 over

think over ~
~을 숙고하다

I think you should think it over.
그것을 잘 생각하는 게 좋을 것 같아요.

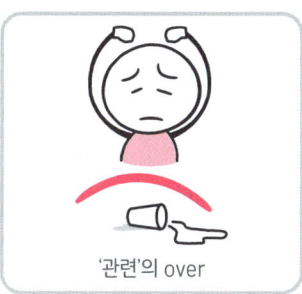

'관련'의 over

cry over ~
~때문에 끙끙 울다

Don't cry over spilt milk.
지난 일을 끙끙 앓지 마라.

06

out

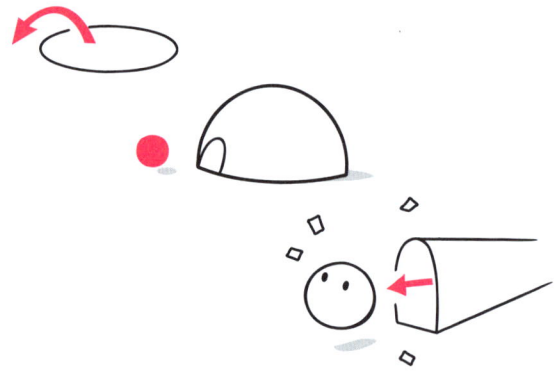

out
밖으로

전 ~에서 밖으로
부 밖으로 나가서, 다해서, 사라져, 완전히

핵심 이미지

'안에서 밖으로'의 운동 방향 결과 '**밖에 나온 상태**'가 out의 핵심 이미지로, way out이라고 하면 안으로부터 밖으로의 길인 '**출구**'의 의미입니다. 밖에서 보면 새로운 것이 '**출현**'한 것이고, 안에서 보면 원래 있던 것이 '**소실·소멸**'한 것이라고 생각할 수 있습니다. '매진'은 sold out으로 다 팔린 것으로부터 '**끝까지**', '**철저하게**'라는 의미를 가지게 됩니다.

Let's go out for a drink.
한잔하러 가자.

'술 한잔하러 밖에 나가자'가 원래 의미입니다. 단순히 go for a drink도 OK입니다.

Look, stars are out.
봐, 별들이 나왔어.

낮 동안 보이지 않던 것이 밤이 되어 출현하는 것은 out입니다. out은 '돌출하는 것'을 암시합니다.

The electricity is out again.
전기가 또 끊겼다.

'소실'이나 '기능의 정지'를 나타내는 out입니다.

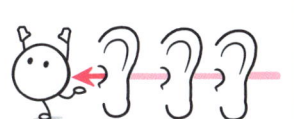

Hear me out.
끝까지 좀 들어라.

'끝까지', '철저하게'라는 의미의 out입니다.

'밖으로'의 out

eat out

외식하다 *dine out은 격식을 차린 외출

How about eating out tonight?
오늘 저녁은 외식하지 않을래요?

'밖으로'의 out

point out ~

~을 지적하다

He pointed out some mistakes in my English.
그는 내 영어에서 몇 가지 틀린 점을 지적했다.

'밖으로'의 out

find out ~

~을 찾아내다, ~을 발견하다

I found out he was lying.
나는 그가 거짓말하고 있다는 것을 알았다.

'밖으로'의 out

ask ~ out

~에게 데이트 신청하다

I asked her out for a date.
나는 그녀에게 데이트 신청했어.

out

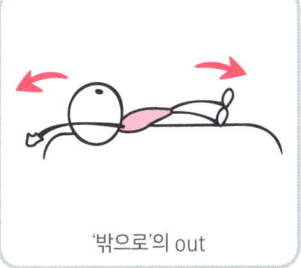

'밖으로'의 out

stretch out (~)

(손발을) 펴다, 드러눕다

He usually stretches out on the sofa after dinner.

그는 저녁 식사 후 보통 소파에 드러눕는다.

'밖으로'의 out, '도달점'의 to

reach out to ~

~에게 (원조의) 손길을 뻗치다

We must reach out to homeless people.

우리는 집 없는 사람들에게 도움의 손길을 뻗쳐야 한다.

'밖으로'의 out

hang out (~)

~을 밖에 말리다, 시간을 보내다

I have to hang out the laundry.

빨래를 널어야 해요.

'밖으로'의 out

lay out ~

~을 펼치다, ~을 설계하다

He laid out a large map on the desk.

그는 책상에 커다란 지도를 펼쳤다.

'밖으로'의 out

lay out ~

(돈)을 다 소비하다, ~을 투자하다

He laid out a fortune on the wedding.

그는 결혼식에 재산을 탕진했다.

'밖으로'의 out

count ~ out

~을 제외하다, ~을 수에 넣지 않다

You can count me out this time.

이번에는 저를 제외해도 됩니다.

'밖으로'의 out

speak out

표명하다

He spoke out against the decision.

그는 그 결정에 반대 의사를 표명했다.

'밖으로·돌출'의 out

stick (~) out

~을 내밀다, 뚫고 나오다

Don't stick your head out of the window.

창문으로 머리를 내밀지 마세요.

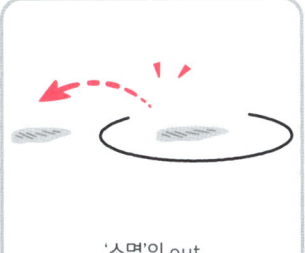

'소멸'의 out

die out

멸종되다

That bird species died out a century ago.
그 새의 종은 1세기 전에 멸종했다.

'소멸'의 out

cross out ~

~을 삭제하다

Cross out the wrong words.
틀린 단어를 삭제하시오.

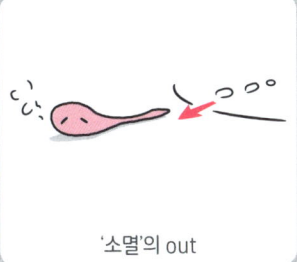

'소멸'의 out

wear out (~)

닳다, ~을 닳게 하다

Those shoes wear out easily.
그 구두는 쉽게 닳는다.

'완료'의 out

fill out ~

~에 필요 사항을 기입하다

Could you fill out this form?
이 서류에 필요 사항을 기입해 주시겠습니까?

07

in

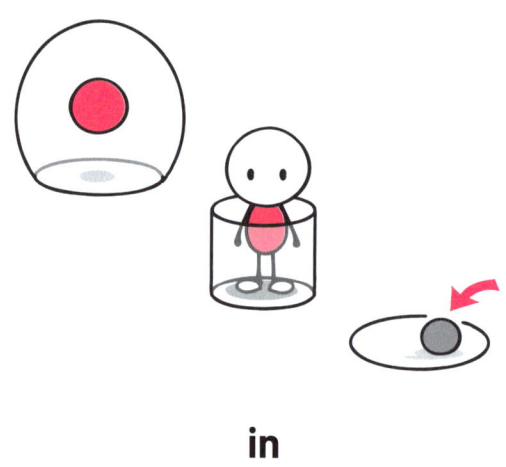

in
(~의) 안에

전 ~안에(으로), ~의 상태로, ~에 관해서
부 안쪽에(속으로)

핵심 이미지

어떤 물건의 **입체적 공간인 '안'** 뿐만 아니라, **평면적 공간의 '안'**에 푹 덮여 있는 것이 in의 핵심 이미지인데, '흰옷을 입은 여자(a woman in white)'처럼 일부가 삐져나와 있어도 in을 사용하여 나타낼 수 있습니다. 요컨대 뭔가에 **싸여 있거나 둘러싸여** 있는 이미지죠. in은 구체적인 장소에 한정되지 않고, 자신의 의사로 어떤 상태에 몸을 가두거나 어떤 사정으로 그런 상태에 놓이는 경우에도 사용됩니다.

in

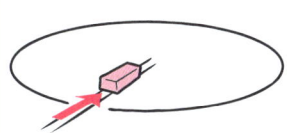

The train arrived in Asakusa.
그 기차는 아사쿠사에 도착했다.
*Asakusa: 도쿄도의 한 지역

기차가 도착한 곳이 아사쿠사 지역의 경계로 둘러싸인 이미지입니다.

Asakusa lies in the east of Tokyo.
아사쿠사는 도쿄의 동쪽에 있다.

아사쿠사가 도쿄도 내에 포함되어 있는 이미지입니다.

I'm in the construction business.
저는 건설업에 종사하고 있습니다.

'관여', '관련', '종사', '참가' 등을 나타내는 전치사 in입니다.

My boss will be in at noon.
상사는 정오에 있을 겁니다.

이 in은 전치사가 아닌 부사로, 집이나 직장에 있음을 나타냅니다.

take part in ~

~에 참가하다

'안에'의 in

He took part in the speech contest.

그는 연설대회에 참가했다.

check in (~)

~을 맡기다, 체크인하다

'안에'의 in

I'd like to check in this baggage.

이 짐을 맡기고 싶은데요.

be involved in ~

~에 관계되다, ~에 말려들다

'안에'의 in

He was involved in an accident.

그는 사고에 말려들었다.

count ~ in

~을 한패에 넣다

'안에'의 in

Count me in.

나도 끼워 줘.

'안에'의 in

fill in ~
(필요 사항)을 기입하다

Fill in your name and address here.
여기에 당신의 이름과 주소를 기입해 주십시오.

'안에'의 in

stay in
집에 있다

I usually stay in on Saturday nights.
저는 보통 토요일 저녁에는 집에 있습니다.

'안에'의 in

be dressed in ~
~을 입고 있다

She is dressed in white today.
오늘 그녀는 흰옷을 입고 있다.

'안에'의 in

believe in ~
~의 존재를 믿다

Do you believe in God?
신의 존재를 믿습니까?

08

at

at
한 점

전 ~에서, ~에게, ~을 목표로, ~을 노리고,
~을 보고(듣고), ~을 하고

핵심 이미지

in이 어떤 장소에 푹 둘러싸여 있는 것에 비해 at은 그 **장소를 한 점으로 보는** 이미지입니다. 장소를 한 점이라고 보는데, 반드시 그 점 안뿐만 아니라 **막연하게 그 장소 주변**을 나타냅니다. at the station(역에서)이라면 역 안뿐만 아니라 역 앞 광장도 포함됩니다. 어원적으로 at은 '~쪽으로', '~의 가까이'라는 의미로 어떤 한 가지 **목표를 향해 겨누**는 의미를 갖습니다.

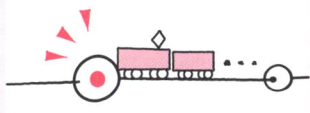

Our train arrived at Tokyo Station.
우리 열차는 도쿄역에 도착했다.

'도쿄에 도착했다'라고 하면 Our train arrived in Tokyo로 대도시인 도쿄에 푹 둘러싸인 이미지이지만, 도쿄역이라고 하는 한정된 한 점을 나타내는 것은 at입니다.

The President arrived at Tokyo.
대통령은 (해외 순방 도중에) 도쿄에 도착했다.

해외 순방 도중에 도쿄에 들렀기 때문에, 도쿄와 같은 대도시라도 지도상의 한 점이라고 생각하여 단순한 통과점이라고 보기 때문에 at을 사용합니다.

He threw a ball at me.
그는 나에게 공을 내던졌다.

어떤 한 점의 목표를 향해 겨냥하는 at으로, He threw a ball to me라고 하면 '그는 나에게 공을 던졌다'의 의미가 됩니다.

My husband is still at work.
남편은 아직 회사에 있어요.

in과 마찬가지로 at은 스스로의 의사로 어떤 상태에 몸을 두는 것을 나타내는데, 이 상태는 일시적인 것입니다.

'장소의 한 점'의 at

call at ~

(장소)를 방문하다 *영국 용법

I called at his office yesterday.
어제 그의 사무실을 방문했다.

'목적'의 at

smile at ~

~을 보고 미소 짓다

She's smiling at me.
그녀는 나를 보고 미소 짓고 있다.

'목적'의 at

laugh at ~

~을 보고 웃다

Don't laugh at me.
나를 보고 웃지 마.

'목적'의 at

glance at ~

~을 흘끗 보다

He glanced at his watch.
그는 시계를 흘끗 보았다.

at

'목적'의 at

stare at ~

~을 빤히 보다

Why are you staring at me?
왜 나를 빤히 보고 있어?

'목적'의 at

gaze at ~

~을 지그시 보다, ~을 응시하다

She gazed at the diamond ring.
그녀는 다이아몬드 반지를 물끄러미 보았다.

'목적'의 at

get angry at ~

~에게 화내다

Don't get angry at me.
나에게 화내지 마세요.

'목적'의 at

shout at ~

~에게 고함치다

You don't have to shout at me.
나에게 고함칠 건 없잖아.

'목적'의 at

be surprised at ~

~에 놀라다

He was surprised at the news.
그는 그 소식에 놀랐다.

'목적'의 at

sniff at ~

~의 냄새를 (킁킁) 맡다,
~을 바보 취급하다

The dog is sniffing at my bag.
개가 내 가방의 냄새를 킁킁 맡고 있다.

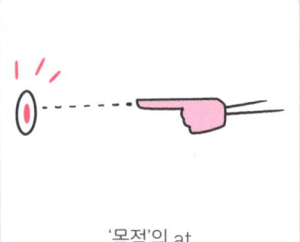

'목적'의 at

point A at B

A를 B에게 향하게 하다

Don't point your finger at me.
나에게 삿대질하지 마.

'목적'의 at

aim A at B

A로 B를 노리다, A를 B로 향하게 하다

He aimed a gun at the target.
그는 총으로 과녁을 노렸다.

'목적'의 at

shoot at ~

~을 노리고 쏘다

The hunter shot at a bird.
사냥꾼은 새를 겨냥하여 쏘았다.

'목적'의 at

make a guess at ~

~을 추측하다

Can you make a guess at my age?
제 나이를 추측할 수 있나요?

'목적'의 at

catch at ~

~을 잡으려고 손을 뻗치다, ~에 달려들다

He caught at the ball.
그는 공에 달려들었다.

'목적'의 at

drive at ~

~을 의도하다

What are you driving at?
무슨 말을 하고 싶은데?

on

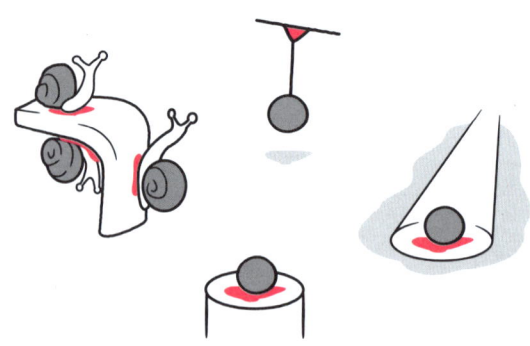

on
접촉

전 ~위에, ~에 의거하여
부 계속해서, 몸에 지니고
형 진행 중인

핵심 이미지

방향은 관계없이 **상하 측면의 어디라도 접촉**하고 있는 것이 on의 핵심 이미지로, 접촉하는 것이 의복과 몸이라면 '입다', '쓰다'의 의미입니다. 어떤 동작을 나타내는 동사에 on이 붙으면 그 동작의 **연속성**을 나타내게 됩니다. 예를 들어, walk on이라고 하면 '계속 걷는다'라는 뜻입니다.

on

I want to stand on my own feet.
나는 홀로 서고 싶다.

자기 자신의 발을 대지에 접촉해서 서는 것으로 stand on *one's* own feet은 '홀로서기를 하다'라는 뜻의 숙어가 됩니다.

Success depends on your effort.
성공은 네가 노력하기 나름이다.

on은 접촉하는 대상이 되는 것을 중심으로 생각하면 그것이 버팀목이 되고 있습니다. 여기에서 on에는 '버팀목'과 '기반'이라는 이미지가 생깁니다.

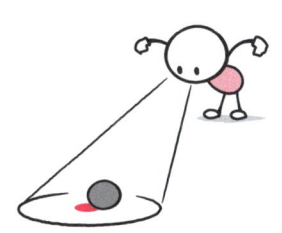

Concentrate on your work.
일에 집중해라.

'버팀목'이나 '기반'의 이미지는 동작의 '방향'이나 '대상'으로 파악할 수도 있습니다.

It is raining on and on.
비가 계속 내리고 있다.

동작이나 상태의 '연속성'이나 '진행 중'을 암시합니다.

'접촉'의 on

call on ~

(사람)을 방문하다 *영국 용법

I called on him yesterday.
어제 그를 찾아갔다.

'접촉'의 on

try ~ on

~을 입어 보다

Can I try it on?
그것을 입어 봐도 됩니까?

'버팀목'의 on

rely on ~

~을 의지하다, ~을 믿다 (=count on ~)

You can rely on me.
나를 의지해도 된다.

'버팀목'의 on

feed on ~

~을 먹고 살다

Cows feed on grass.
소는 풀을 먹고 산다.

'버팀목'의 on

live on (~)
~로 살아가다, 계속 살다

He lives on a small income.
그는 낮은 수입으로 살아가고 있다.

'버팀목'의 on

be based on ~
~에 기초하고 있다

It is based on a true story.
그것은 실화에 기초하고 있다.

'버팀목'의 on

hang on to ~
~을 꼭 붙들다

Hang on to the rope.
밧줄을 꼭 붙들어라.

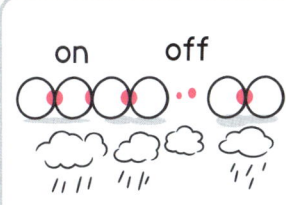

'진행·계속'의 on, '소실'의 off

rain off and on
비가 오락가락하다

It's raining off and on.
비가 오락가락하고 있다.

10

to

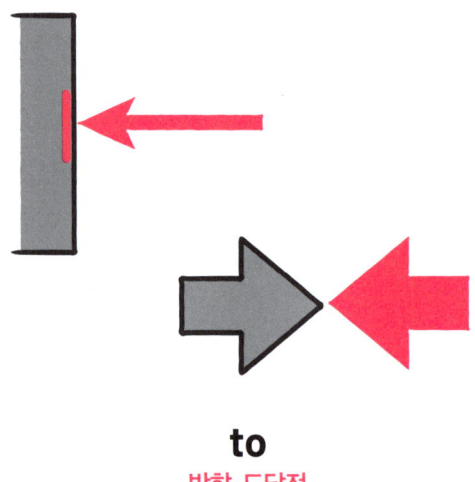

to
방향·도달점
전 ~(방향, 상태)로(에), ~(방향, 한계)까지, ~에 대해서

핵심 이미지

전치사 to는 '~로', '~까지'와 같은 **방향**이 핵심 이미지로, 종종 **도달점**을 암시합니다. '도달점'은 **결과**'나 **정도**', **한계**'로 파악할 수도 있습니다. 또, sit face to face와 같이 얼굴과 얼굴이 마주 보고 있기 때문에 **대비**'나 **대립**'의 이미지를 넓혀 갑니다.

to

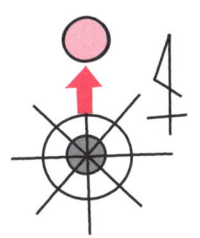

The city lies to the north of Tokyo.
그 도시는 도쿄의 북쪽에 있다.

도쿄의 북쪽 방향에 있는 것을 나타내며, The city lies in the north of Tokyo.라고 하면 '그 도시는 도쿄의 북부에 있다'라는 뜻이 됩니다.

He goes to work by car.
그는 차로 회사에 간다.

도달점을 시사하는 to에는 '목적'의 의미도 있습니다. go to school이라고 하면 단순히 학교 건물로 가는 것이 아니라 학교의 본래 목적, 즉 '수업을 받는다'라는 뜻을 표합니다.

He grew up to be a doctor.
그는 자라서 의사가 되었다.

'의사가 되다'라는 목적의 '도달점'에 도달했음을 나타내고 있습니다.

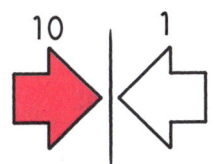

The Giants defeated the Dragons, 10 to 1.
자이언츠는 드래곤즈에게 10 대 1로 이겼다.

10 대 1이라는 '대비'를 나타내고 있습니다.

listen to ~

~에 귀를 기울이다

Listen to me.
내 말에 귀를 기울여라.

'방향·도달점'의 to

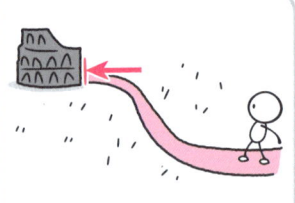

lead to ~

~에 이르다

All roads lead to Rome.
모든 길은 로마로 통한다.

'방향·도달점'의 to

amount to ~

~에 달하다, ~와 같다

His debts amounted to one million dollars.
그의 빚은 백만 달러에 달했다.

'방향·도달점'의 to

agree to ~

(제안·계획)에 찬성한다

I agree to your proposal.
당신의 제안에 찬성합니다.

'방향·도달점'의 to

'방향·도달점'의 to

belong to ~

~에 소속되다, ~의 것이다

I belong to the tennis club.
나는 테니스 클럽에 소속되어 있다.

'방향·도달점'의 to

stick to ~

~에 붙다, ~을 관철하다, ~로 통하다

Stick to your decision.
너의 결정을 끝까지 관철해라.

'대비'의 to

object to ~

~에 반대하다

They objected to the construction of a new airport.
그들은 신공항 건설에 반대했다.

'대비'의 to

prefer A to B

B보다 A를 좋아한다

I prefer baseball to soccer.
나는 축구보다 야구를 좋아한다.

11

for

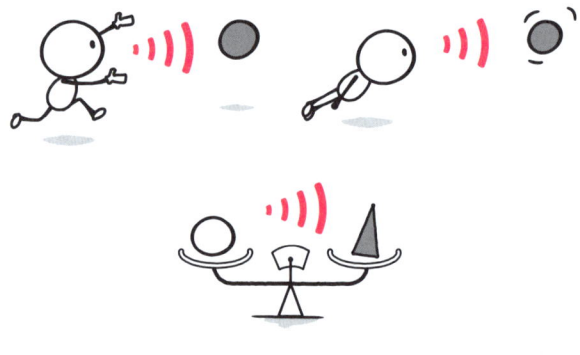

for
방향·목표

전 ~쪽으로, ~때문에, ~을 찾아서, ~와 교환하러

핵심 이미지

'방향'을 나타내는 전치사 for는 직접적으로 도달점을 암시하는 to와는 달리, **서서히 전달되는** 이미지입니다. 그래서 take a train to Tokyo는 '열차를 타고 도쿄까지 간다'는 것에 비해 take a train for Tokyo는 '도쿄행 열차를 탄다'는 것으로, 실제로 도쿄에 갈지의 여부는 확실치 않습니다. for는 '**목표**'나 '**목적**'으로 I paid 100 dollars for this watch.라고 하면, '나는 이 손목시계에 100달러 지불했다.'라는 뜻으로 이 경우의 for는 '**보상**', '**교환**'이나 '**대가**'를 나타냅니다.

for

I bought a present for him.
나는 그에게 줄 선물을 샀다.

그를 위해 선물을 산 것이지, 반드시 그가 그 선물을 손에 들고 있는지는 알 수 없습니다.

This is for you.
이것은 당신에게 드리는 선물입니다.

'이것은 당신을 위한 것입니다.'가 원래 의미이고, 앞에 있는 상대에게 선물을 줄 때 사용하는 상투적인 문구입니다.

I bought this watch for 1000 dollars.
나는 이 손목시계를 1000달러에 샀다.

이 손목시계를 1000달러짜리 '대가'로 손에 넣었음을 나타냅니다.

Thank you for the present.
선물을 (주셔서) 감사합니다.

제가 당신에게 감사하는 이유가 선물이에요. 즉 이때의 for는 '이유'나 '원인'을 나타내고 있습니다.

'방향'의 for

head for ~

~을 향해 가다

This country is heading for recession.
이 나라는 불황을 향해 가고 있다.

'방향'의 for

be bound for ~

~행이다

This train is bound for Osaka.
이 열차는 오사카행입니다.

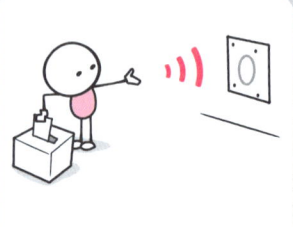

'목표·목적'의 for

vote for ~

~에 찬성 표를 던지다

I voted for that law.
나는 그 법률에 찬성 표를 던졌다.

'목표·목적'의 for

be dying for ~

~을 갖고 싶어 죽겠다

I'm dying for a beer.
맥주를 마시고 싶어 죽겠어.

for

'목표·목적'의 for

search for ~

~을 찾다

That company is searching for a new CEO.

그 회사는 새 CEO를 찾고 있다.

'목표·목적'의 for

cry for ~

~을 울며 구하다, ~을 강력히 필요로 한다

The baby is crying for milk.

아기는 우유를 울면서 구하고 있다.

'목표·목적'의 for

ask/call for ~

~을 구하다, ~을 요구하다

I asked for her advice.

나는 그녀의 조언을 구했다.

'목표·목적'의 for

hope for ~

(가능하다고 믿고) ~을 바라다

We hoped for a successful result.

우리는 성공적인 결과를 바랐다.

wish for ~

(실현은 어렵지만) ~을 바라다

We wish for world peace.
우리는 세계 평화를 바란다.

long for ~

~을 갈망하다

They longed for his safe return.
그들은 그가 무사히 돌아오기를 갈망했다.

wait for ~

~을 기다리다

I waited for him.
그를 기다렸다.

apply for ~

~에 지원하다

Many people applied for the job.
많은 사람이 그 일자리에 지원했다.

'목표·목적'의 for

reach for ~

~에 손을 뻗다

He spilled his drink while reaching for the salt.

그는 소금에 손을 뻗다가 음료수를 엎질렀다.

'보상·대가'의 for

exchange A for B

A를 B와 교환하다

Could you exchange these pants for bigger ones?

이 바지를 더 큰 것으로 교환해 주시겠어요?

'보상·대가'의 for

substitute A for B

B 대신 A를 사용하다

You can substitute margarine for butter.

버터 대신에 마가린을 사용할 수 있어요.

'보상·대가'의 for

pay A for B

B에 대해 A를 지불하다

How much did you pay for the car?

그 차에 얼마 지불하셨나요?

12

from

from
기점

전 ~에서(떨어져)

핵심 이미지

'**~에서**'라는 '**기점**', '**분리**'를 나타내는 것이 전치사 from의 핵심이지만, 이것은 '~에서 떨어져'라든지 '먼저'라는 의미에서 유래된 것으로, 기점에서 출발하여 그전의 도달점을 가리키는 전치사 to와 쉽게 연결됩니다. start from Tokyo to Osaka라면 '도쿄에서 오사카로 출발하다'입니다. apples from Aomori(아오모리산 사과)의 기점은 아오모리이지만, 기점이 동작을 나타낼 때는 save a child from drowning(아이가 물에 빠진 것을 구하다)처럼 그 동작을 '저지'하는 것이 됩니다.

from

He took the knife from the robber.
그는 강도로부터 칼을 빼앗았다.

강도로부터 칼의 '분리'를 나타냅니다. 또는 칼의 출처가 강도라고 생각됩니다.

She makes jam from apricots.
그녀는 살구로 잼을 만든다.

잼의 기점, 즉 잼의 출처(원료)는 살구입니다.

The cat shivers from cold.
고양이는 추위로 떨고 있다.

눈 속에서 고양이가 부들부들 떨고 있습니다. 떨림의 출처, 즉 떨림의 '원인' 은 추위입니다.

The accident kept me from coming in time.
그 사고로 나는 시간을 맞추지 못했다.

사람의 행위를 분리하면, 그 사람의 행위를 저지하거나 면제하는 것이 됩니다.

'분리'의 from

tell A from B

A를 B와 구별하다

The twins are so alike I can't tell one from the other.

그 쌍둥이는 꼭 닮아서 구별할 수 없다.

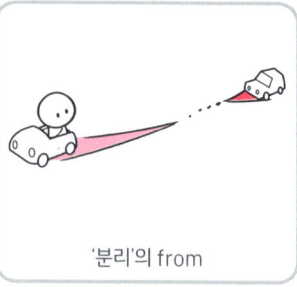

'분리'의 from

differ from ~

~와 다르다

My car differs from yours in color.

나의 차는 당신의 차와는 색이 다르다.

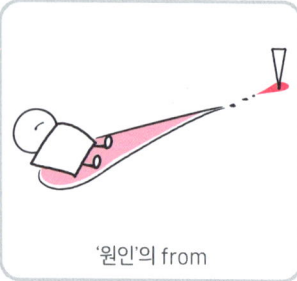

'원인'의 from

die from ~

~가 원인으로 죽다

Many children die from starvation.

많은 아이들은 굶주림에 의해 죽는다.

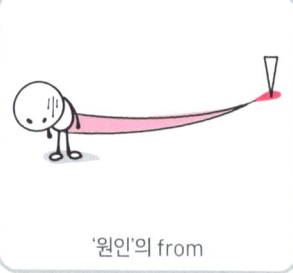

'원인'의 from

suffer from ~

~로 괴로워하다

He's suffering from depression.

그는 우울증으로 괴로워하고 있다.

from

'원인'의 from

result from ~

~의 결과 생기다

The accident resulted from the driver's carelessness.
그 사고는 운전자의 부주의의 결과 일어났다.

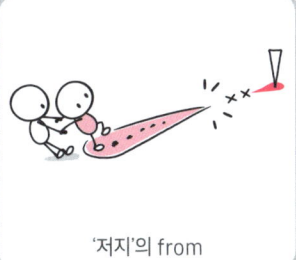

'저지'의 from

refrain from ~

~을 삼가다, ~을 꺼리다

Please refrain from smoking.
흡연을 삼가 주세요.

'저지'의 from

prevent A from ~ing

A가 ~하는 것을 방해하다

The typhoon prevented the train from arriving on time.
태풍 때문에 열차는 제시간에 도착하지 못했다.

'저지'의 from

prohibit A from ~ing

A가 ~하는 것을 금지하다

The law prohibits minors from drinking.
법률로 미성년의 음주를 금지하고 있다.

13

of

of
분리·소유

전 ~의, ~에 관해, ~로부터

핵심 이미지

전치사 of는 '**소유**'나 '**귀속**'의 의미인 '~의'라고 하는 말로 치환하여 기억하는 사람이 대부분이라고 생각하지만, of의 핵심 이미지는 **분리**입니다. '분리'라고 하면 이미 다루었던 부사 off인데, 이 두 개의 단어는 굉장히 비슷하죠? 앞에서도 말했지만 off는 분리의 강조형으로 of에서 파생된 말입니다. the red roof of a house '집의 빨간 지붕'과 같이 귀속을 나타내는 표현도 '집에서 분리된 빨간 지붕'이라고 파악하면 알기 쉬울 것입니다.

This beer is free of charge.
이 맥주는 무료입니다.

이것은 분리의 of로 '요금으로부터 해방되었다'에서 '무료'의 의미가 됩니다.

They came to the same conclusion independent of each other.
그들은 서로 영향을 받지 않고 같은 결론에 이르렀다.

서로 분리되어 있으므로 분리를 나타내는 of를 사용합니다.

This desk is made of wood.
이 책상은 나무로 되어 있다.

분리를 나타내는 off나 from이 완전한 분리인 데 비해, of는 어떤 부분에서 연결된 분리라는 점에서 다릅니다. 즉 be made from이 원형을 남기지 않은 '원료'인 데 비해, be made of는 원형을 일부 남겨 놓은 '재료'입니다.

I always think of you.
나는 항상 당신을 생각합니다.

'연결된 분리'로부터 of에는 막연히 '~에 관해'라는 '관련'의 의미가 생깁니다.

'분리'의 of

rob A of B

A로부터 B를 빼앗다 (= deprive A of B)

The thief robbed me of my bag.

도둑은 나에게서 가방을 빼앗았다.

'분리'의 of

clear A of B

A로부터 B를 제거하다

They cleared the roads of snow.

그들은 도로에서 눈을 제거했다.

'분리'의 of

cure A of B

A의 B를 치료하다

The doctor cured me of the disease.

의사는 나의 병을 낫게 해주었다.

'분리'의 of

dispose of ~

~을 처리하다, ~을 처분하다

You should dispose of these books.

이 책들을 처분하는 편이 좋아요.

of

'분리'의 of

consist of ~

~로 구성되다

America consists of 50 states.
미국은 50주로 구성되어 있다.

'관련'의 of

speak of ~

~을 이야기하다 (= talk of ~)

Speak of the devil, and he'll soon appear.
호랑이도 제 말 하면 온다.

'관련'의 of

hear of ~

~의 소문을 듣다

I heard nothing of him after that.
그 후, 그의 소문을 듣지 못했다.

'관련'의 of

complain of ~

~에 관해 불평하다

He's always complaining of something.
그는 항상 무언가에 관해 불평하고 있다.

14

with

with
동시

전 ~와 함께, ~을 가지고, ~로, ~에 비해

핵심 이미지

'함께'라는 의미로 친숙한 with이지만, '레몬 넣은 차(레몬차)'는 tea with lemon, '총을 가진 강도'는 a robber with a gun이라고 하는 것처럼, 전치사 with의 핵심 이미지는 **'동시성'**입니다. 같은 장소를 공유하는 것에서 **'동조'**나 **'일치'**의 의미가 생기는데, 이는 관점을 바꿔 보면 같은 장소를 공유하며 일어나는 **'대립'**이나 **'적대'**도 with로 나타내게 됩니다.

with

Do you want some sugar with your coffee?

커피에 설탕을 넣습니까?

커피에 설탕이 같이 들어있는 상태를 나타냅니다.

The robber threatened the clerk with a gun.

강도는 총으로 점원을 위협했다.

with a gun은 부사적으로 사용되면 '도구'나 '재료' 등을 나타냅니다.

I agree with you.

나는 당신에게 찬성합니다.

같은 장소를 공유하는 것에서 '동조·일치'의 의미입니다.

He's always quarreling with his wife.

그는 항상 아내와 말다툼하고 있다.

같은 장소를 공유하는 것에서 생겨나는 '대립·적대'의 이미지입니다.

'함께·부대'의 with

be filled with ~
~로 가득 차 있다

The glass is filled with wine.
유리잔은 와인으로 가득 차 있다.

'함께·부대'의 with

be covered with ~
~로 덮여 있다

The mountain is covered with snow.
산은 눈으로 덮여 있다.

'함께·부대'의 with

be crowded with ~
~로 붐비고 있다

The bus is crowded with passengers.
버스는 승객으로 붐비고 있다.

'함께·부대'의 with

be equipped with ~
~을 갖추고 있다

They were equipped with weapons.
그들은 무기를 갖추고 있었다.

with

'함께·부대'의 with

be furnished with ~

~가 설치되어 있다

The room is furnished with a bed and a sofa.
이 방은 침대와 소파가 설치되어 있다.

'함께·부대'의 with

be presented with ~

~을 증정 받다

He was presented with an award.
그는 상을 증정 받았다.

'함께·부대'의 with

deal with ~

~을 다루다

He's a difficult person to deal with.
그는 다루기 어려운 사람이다.

'도구·재료'의 with

provide A with B

A에 B를 공급하다 (= supply A with B)

Cows provide us with milk.
소는 우리에게 우유를 공급한다.

'도구·재료'의 with

plant A with B

A에 B를 심다

He planted the garden with tulips.
그는 정원에 튤립을 심었다.

'도구·재료'의 with

replace A with B

A를 B로 바꾸다

They replaced coal with oil.
그들은 석탄을 석유로 바꿨다.

'함께·부대'의 with

mix with ~

~와 섞다

Oil does not mix with water.
기름은 물과 섞이지 않는다.

'함께·일치'의 with

correspond with ~

~와 편지를 주고받다, ~에 일치하다

I correspond with a friend in India.
나는 인도 친구와 편지를 주고받고 있다.

with

'대립·적대'의 with

be faced with ~
~에 직면하다

The company is faced with a difficult situation.
그 회사는 어려운 상황에 직면해 있다.

'대립·적대'의 with

compare A with B
A를 B와 비교하다

I compared my answer with his.
나의 답을 그의 답과 비교했다.

'대립·적대'의 with

compete with ~
~와 경쟁하다

Japan competed for a gold medal with America.
일본은 금메달을 걸고 미국과 경쟁했다.

'대립·적대'의 with

struggle with ~
~와 격투하다

The police officer struggled with a robber.
경찰관은 강도와 격투했다.

by/aside

by
근접

전 ~의 (바로) 옆에, ~에 의해, ~로
부 지나쳐서, 곁에

aside
근접

부 옆으로, 따로

핵심 이미지

live by the sea와 live near the sea의 차이는 전자가 바다가 보이는 범위인 것에 비해, 후자는 꼭 바다가 보일 필요가 없고 몇 킬로미터 떨어져 있어도 쓸 수 있다는 것입니다. 요컨대, near(가까이)보다 근접한 이미지가 강하고 **전후·좌우를 포함해 막연히 가까운 것을 암시하는** 것이 전치사 by의 기본 뜻입니다. aside는 <a(~의 쪽으로) + side(옆)>가 어원으로, '옆으로'가 가장 일반적인 의미이지만 **조금 떨어져 있는** 것에 초점이 맞춰져 있습니다.

by/aside

The orchestra was conducted by Ozawa Seiji.

그 오케스트라는 Ozawa Seiji에 의해 지휘된다.

이른바 수동태로 사용되는 by도 오케스트라의 곁에서 지휘를 하고 있는 이미지입니다.

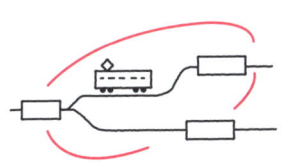

**How do you go to work?
— I go to work by train.**

'통근 방법은 뭔가요?'
'전차로 통근합니다.'

어떤 행위의 실현을 위해 필요한 힘. 혹은 목표를 달성하기 위한 수단이나 방법을 나타냅니다.

I seldom watch TV, aside from news.

뉴스는 제외하고, 텔레비전을 거의 보지 않습니다.

aside from ~은, '~는 제외하고'라는 의미의 숙어입니다.

Will you move that box aside?

그 상자를 옆으로 옮겨 주시겠어요?

전후·좌우 어느 쪽이라도 좋으니 움직여 주지 않겠습니까라는 의미를 전합니다.

'근처에'의 by

run by
달려서 지나가다

I saw children running by.
아이들이 달려서 지나가는 것을 보았다.

'근처에'의 by

come by
들르다

Come by on your way home.
집에 가는 길에 들르세요.

'근처에'의 by

stop by
들르다

Can I stop by at that convenience store?
저 편의점에 잠깐 들러도 돼?

'옆에'의 aside

set ~ aside
(돈이나 음식을) 떼어 두다

I'll set this money aside for the future.
장래를 위해 이 돈을 떼어 두겠습니다.

by/aside

'옆에'의 aside

step aside
옆으로 비키다

He stepped aside for me to pass.
내가 지나갈 수 있도록 그는 옆으로 비켰다.

'옆에'의 aside

lay aside ~
~을 옆에 두다

He laid aside his glasses.
그는 안경을 옆에 뒀다.

'옆에'의 aside

lay aside ~
~을 간직해 두다, ~을 떼어 두다

You should lay aside this money for the future.
장래를 위해 이 돈을 간직해 두는 편이 좋겠죠.

'옆에'의 aside

elbow ~ aside
~을 (팔꿈치로) 밀어내다

He elbowed people aside.
그는 사람들을 팔꿈치로 밀어냈다.

16

into

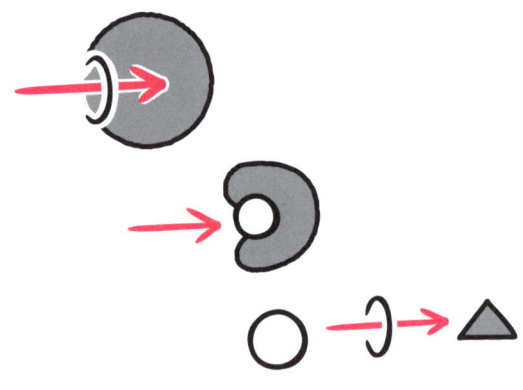

into
~의 안으로

전 ~의 안으로, ~로 바뀌어

핵심 이미지

안에 푹 감싸인 이미지를 가진 전치사 in과 '방향' 또는 '도달점'을 나타내는 전치사 to를 하나로 묶은 것이 '~의 안으로'라는 의미의 into입니다. into는 공간적인 것뿐만 아니라 late into the night '밤늦게까지'처럼 시간적인 것이나 비유적인 상태로의 방향도 나타낼 수 있습니다. 안으로 파고드는 이미지에서 **사물을 철저히 추구하는** 의미가 생깁니다. 또한, **다른 상태 속으로 들어가기** 때문에 '**변화**'를 나타내기도 합니다.

into

The car crashed into the wall.
차는 벽에 충돌했다.

차가 벽 속에 박혀 있는 이미지입니다. The car crashed against the wall.도 같은 의미이지만, 이것은 차가 벽에 부딪쳐 크게 파손되는 이미지입니다.

I'm into jazz.
재즈에 빠져 있습니다.

어떤 것에 푹 몸을 던지는 이미지에서 '~에 몰입하다' 또는 '~에 빠지다'라는 의미가 됩니다.

I don't have time to go into detail.
자세히 설명할 시간이 없다.

세부 사항까지 철저히 추구하는 이미지입니다.

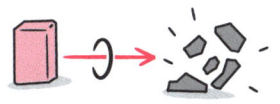

The plate broke into pieces.
접시는 산산조각으로 깨졌다.

접시가 깨져 산산조각으로 변화하는 이미지입니다.

'안으로'의 into

bump into ~

~를 우연히 마주치다

I bumped into my ex-girlfriend yesterday.

어제 전 여자친구를 우연히 마주쳤다.

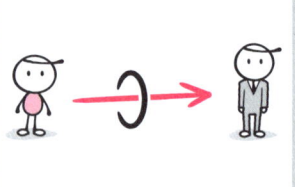

'변화'의 into

change into ~

~로 갈아입다, ~로 변화하다

I'll change into a suit.

정장으로 갈아입겠습니다.

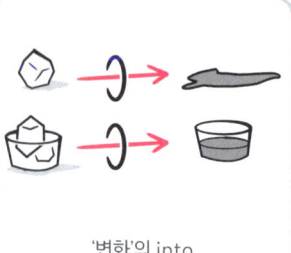

'변화'의 into

melt into ~

녹아서 ~이 되다

The ice melted into water.

얼음은 녹아서 물이 되었다.

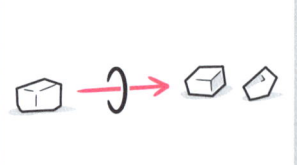

'변화'의 into

divide A into B

A를 B로 나누다

Mother divided the cake into five.

엄마는 케이크를 5개로 나눴다.

translate A into B

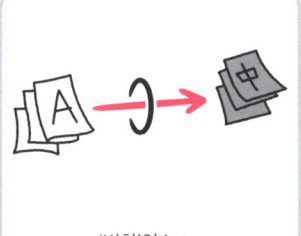

'변화'의 into

A를 B로 번역하다

Can you translate this sentence into Chinese?
이 문장을 중국어로 번역할 수 있습니까?

burst into ~

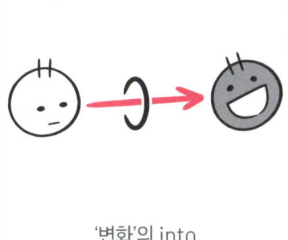

'변화'의 into

갑자기 ~하기 시작하다

The class burst into laughter at the teacher's joke.
학급의 모두가 선생님의 농담에 갑자기 웃기 시작했다.

grow into ~

'변화'의 into

성장해서 ~가 되다

His business grew into a big company.
그의 회사는 대기업으로 성장했다.

talk A into ~ing

'변화'의 into

A를 설득해 ~하게 하다

I talked him into giving up smoking.
그를 설득해서 금연시켰다.

17

after/along/across

after
후방

전 ~의 후에(에서), ~을 요구하며, ~이 되어서

along
평행

전 ~을 따라서
부 앞으로, 점점, 함께

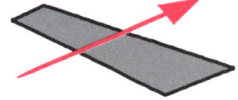

across
교차

전 ~을 가로질러, ~과 교차하여
부 가로질러

핵심 이미지

after '~의 후에'는 시간적인 것뿐만 아니라 공간적인 의미로도 사용합니다. 어떤 것을 **쫓는 동작에서 '추구'**의 의미도 생깁니다. 강과 같이 **가늘고 긴 것과의 평행이동**이 along입니다. along the river '강을 따라서'는 강을 따라 이동하는 것뿐만 아니라 강물 속(위)의 이동도 나타냅니다. 평행이동의 along에 비해, 어떤 **평면을 가로지르는·교차하는** 이미지가 across입니다.

after/along/across

He paints pictures after Monet.

그는 모네풍의 그림을 그린다.

모네의 그림을 쫓아 그린 그림. 즉 모네를 모방하는 그림은 pictures after Monet입니다.

They continued the work day after day.

그들은 날이면 날마다 일을 계속했다.

하루가 지나도 또 다음날이 다가올 이미지의 숙어가 day after day입니다.

Add milk along with butter to the soup.

버터와 함께 우유를 수프에 더합니다.

긴 것을 따라 항상 평행이동을 하는 것에서 along에 '함께'라는 의미가 생깁니다.

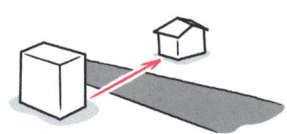

His house is across the street from the library.

그의 집은 도서관 건너편에 있다.

'그의 집은 도서관에서 길을 가로지른 곳에 있다'가 원래 의미입니다.

'추구'의 after

chase after ~

~의 뒤를 쫓다

The police officer chased after the pickpocket.

경찰관은 그 소매치기를 뒤쫓았다.

'추구'의 after

seek after ~

~을 추구하다

He continued to seek after the truth.

그는 진실을 추구하는 것을 계속했다.

'모방'의 after

name A after B

B를 따서 A를 이름 짓다

My father named me after a famous actor.

아버지는 유명한 배우를 따서 나의 이름을 지었다.

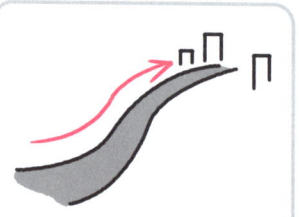

'평행이동'의 along

go along ~

~을 나아가다

Go along this street.

이 길을 나아가세요.

after/along/across

'평행이동'의 along

go along
진척되다, 나아가다, 계속하다

You'll make it up as you go along.
계속하다 보면 뒤처진 것을 만회할 수 있을 거야.

'평행이동'의 along

go along with ~
~에 찬성하다

I can't go along with your proposal.
당신의 제안에는 찬성할 수 없습니다.

'평행이동'의 along

come along
함께 가다(오다)

I'll come along, too.
나도 함께 갈게요.

'교차'의 across

run across ~
우연히 ~를 마주치다

I ran across him at the airport.
공항에서 우연히 그를 만났다.

18

out of/through

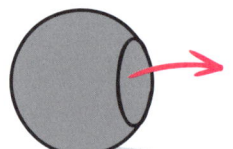

out of
~의 밖으로
전 ~의 안에서(밖으로), ~에서 떨어져

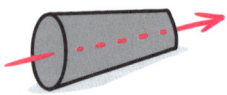

through
통과
전 ~을 빠져나가, ~을 마치며
부 빠져나가, 마치며
형 직통의

핵심 이미지

'~의 안으로'라는 의미의 전치사 into에 대응해, '**~의 밖으로**'가 out of입니다. 즉, go into the room '방에 들어가다'에 대응해 go out of the room이 '방 밖으로 나가다'로, 한국어 해석으로는 '방에서 나오다'로 해도 좋습니다. 어떤 것의 안에 들어가 그곳에서 나오기까지의 일련의 움직임, 즉 '**통과**'를 나타내는 것이 through로, 처음부터 끝까지 '**철저히·완전히**'의 이미지까지 넓어집니다.

out of/through

Take your hands out of your pockets.

주머니에서 손을 꺼내세요.

'양손을 주머니의 밖으로 가져가세요'가 원래 의미입니다.

We are out of danger.

위험한 상태에서 벗어나 있다.

out of 뒤에 장소가 아닌 물건이나 상태를 나타내는 말이 이어지면 '어떤 것이 없어져' 또는 '어떤 상태로부터 떨어져'의 의미가 됩니다. We are out of sugar라면 '설탕이 떨어졌어요'라는 의미입니다.

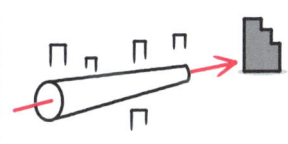

This train goes through to Ginza.

이 열차는 긴자까지 환승 없이 갑니다.

'이 열차는 처음부터 끝까지 환승 없이 긴자로 간다'는 것입니다.

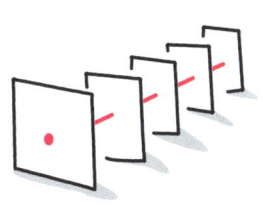

This shop is open Monday through Saturday.

이 가게는 월요일부터 토요일까지 합니다.

'이 가게는 월요일부터 토요일까지 잇달아 영업하고 있다'라는 것으로, 이처럼 through는 공간적인 것뿐만 아니라 시간적인 것도 나타냅니다.

'밖으로'의 out of

cheat A out of B

A로부터 B를 사취하다(속여서 빼앗다)

He cheated me out of my money.
그는 나로부터 돈을 사취했다.

'밖으로'의 out of

talk A out of ~ing

A를 설득해 ~하지 않게 하다

I talked him out of marrying her.
그를 설득해 그녀와의 결혼을 단념시켰다.

'밖으로'의 out of

go out of ~

~에서 사라지다, ~에서 나오다

The ship went out of sight.
그 배는 시야에서 사라졌다.

'밖으로'의 out of

stay out of ~

~에 상관하지 않다

Stay out of my business.
내 일에 상관하지 마.

out of/through

'통과·철저'의 through

read ~ through
~을 다 읽다, 주의 깊게 ~을 전부 읽다

Have you read the report through?
보고서를 전부 읽으셨나요?

'통과'의 through

see through ~
~을 꿰뚫어 보다, ~을 잘 조사하다

I couldn't see through his lies.
그의 거짓말을 꿰뚫어 보지 못했다.

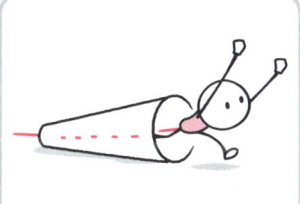

'통과·철저'의 through

see ~ through
~을 끝까지 해내다

I want to see this job through.
이 일을 끝까지 해내고 싶다.

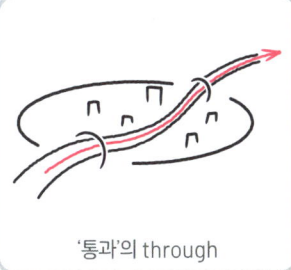

'통과'의 through

flow through
~을 관류하다(관통해 흐르다)

The Thames flows through London.
템스강은 런던을 관통해 흐르고 있다.

19

about/around

about
주변

전 ~에 대해
부 주위에, 널리, 대략

around
주변

전 ~의 주위에, ~의 여기저기에
부 주위에, 여기저기에, 가까이, 대략

핵심 이미지

'~에 대해'라는 의미로 친숙한 about의 핵심 이미지는 **'어떤 것의 주위(주변)에'**입니다. about midnight이라면 '밤 12시'의 주변이므로 '밤 12시경'입니다. '~의 주위에'의 around는 **원을 빙빙 도는 이미지**이지만 꼭 한 바퀴가 아니어도 됩니다. about과 마찬가지로 숫자 또는 시간의 앞에 '~경', '약(대략) ~'의 의미로 사용할 수도 있습니다.

about/around

He writes many books about cats.

그는 고양이에 관한 책을 많이 쓰고 있다.

> books about cats는 고양이의 종류, 고양이의 습성, 고양이의 음식, 고양이와 인간의 관계 등 고양이를 모든 측면에서 보고 쓴 책입니다.

That rock is about to fall.

그 바위는 금방이라도 떨어질 것 같다.

> about 뒤에 <to + 동사원형>이 오면 그 동작의 주변까지 오고 있다는 것에서 '금방이라도~ 할 것 같다'라는 의미를 나타냅니다.

I want to travel around the world.

세계 일주 여행을 하고 싶다.

> 빙빙 도는 이미지의 around는 이동을 나타내는 동사와 함께 사용하면 '여기저기'라든가 '여러 곳'이라는 의미를 전달할 수 있습니다.

Turn around the corner.

그 모퉁이를 돌아 주세요.

> 모퉁이를 도는 것처럼, 도는 것은 꼭 빙빙 돌지 않아도 괜찮습니다.

'관련'의 about

talk about ~

~에 대해 이야기하다

What are you talking about?
무엇에 대해 이야기하고 있어요?

'관련'의 about

think about ~

~에 대해 생각하다

What are you thinking about?
무엇에 대해 생각하고 있어요?

'관련'의 about

speak about ~

~에 대해 말하다

He spoke about Japan's economy.
그는 일본의 경제에 대해 말했다.

'빙빙·주변'의 around

come around

(정기적으로) 돌아오다,
(음식을 위해 집에) 찾아오다

That cat comes around when it's hungry.
그 고양이는 배고프면 찾아온다.

about/around

'빙빙·주변'의 around

go around

길을 돌아가다, 들르다

I went around to his office.
그의 사무실에 들렀다.

'빙빙·주변'의 around

hang around (~)

~을 거닐다, 서성거리다

I hung around the bookshop.
서점을 거닐었다.

'빙빙·주변'의 around

shop around

(여기저기의 가게에서) 둘러 보다

I'll shop around this afternoon.
오늘 오후는 둘러 보고 다닐 거야.

'빙빙·주변'의 around

run around

바쁘게 뛰어다니다, 뛰놀다

The kids are running around in the park.
아이들은 공원에서 뛰놀고 있다.

20

back/forward/ ahead

back
후방

전 뒤로, 돌아가
형 뒤의

forward
전방

전 앞에, 앞으로
형 앞쪽의, 장래의

ahead
전방

부 앞으로, 먼저

핵심 이미지

'뒤로'를 핵심 이미지로 가진 back은 **공간의 경우 '원래의 곳으로 돌아가'**, 시간의 경우 **'거슬러'**의 의미가 됩니다. back에 대응하는 단어가 forward와 ahead로 각각 어원은 <앞으로(for) + 향해(ward)>와 <~쪽으로(a) + head(머리)>에서 유래해 **둘 다 공간적인 것과 시간적인 것을** 나타냅니다. 예를 들면 look forward도 look ahead도, '앞쪽을 보다'와 '장래의 것을 생각하다'의 두 의미 모두로 사용할 수 있습니다.

back/forward/ahead

He looked back at me.
그는 뒤돌아서 나를 봤다.

look back at ~ (장소)으로 '~을 뒤돌아보다'라는 뜻이고, 시간적인 것이라면 look back on ~ (사건)으로 '~을 회고하다'라는 의미가 됩니다.

Don't look back; just keep moving forward.
과거는 돌아보지 마, 앞으로 나아갈 뿐.

back과 forward는 시간적 개념과 공간적 개념을 모두 나타낼 수 있습니다.

I look forward to the next game.
다음 경기를 기대하고 있다.

다음 경기를 머리에 떠올려 보는 것에서 look forward to ~로 '~을 기대하고 있다'라는 의미가 됩니다.

The Giants are ahead in the third inning.
자이언츠는 3회에서 이기고 있다.

ahead는 경기에서는 '이기고 있다'라는 의미로 사용됩니다.

'뒤로·원래대로'의 back

call (~) back

(~에) 회답 전화를 하다

I'll call you back later.
나중에 다시 걸겠습니다.

'뒤로·원래대로'의 back

step back

뒤로 물러나다, 한 걸음 물러나다

Please step back.
뒤로 물러나 주세요.

'앞으로'의 forward

step forward

앞으로 나가다, 스스로 말하다

He stepped forward to receive the prize.
그는 상을 받기 위해 앞으로 나갔다.

'앞으로'의 forward

put oneself forward

주제넘게 나서다

Don't put yourself forward.
주제넘게 나서지 마.

back/forward/ahead

'앞으로'의 forward

put ~ forward

(시계)를 앞당기다, (날짜)를 앞당기다

I put my watch forward 5 seconds.

시계를 5초 앞당겼다.

'먼저'의 ahead

go ahead

(명령문에서) 먼저 하세요

Go ahead.

먼저 하세요.

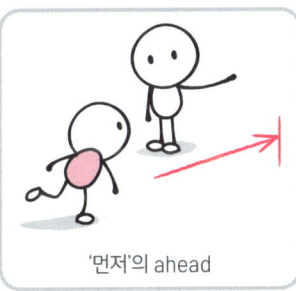

'먼저'의 ahead

go ahead

(명령문에서) 그러세요, 괜찮습니다

Can I use the restroom? — Yes, go ahead.

'화장실을 써도 될까요?'
'네, 그러세요.'

'먼저'의 ahead

go ahead

(일이) 행해지다

The festival will go ahead as planned.

축제는 예정대로 행해진다.

together/apart

together
함께

부 함께, 같이, 동시에

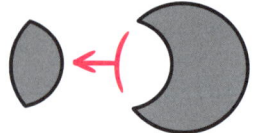

apart
분리

부 떨어져, 따로

핵심 이미지

'함께', '같이'의 부사 together는 '모으다(모이다)'라는 의미의 gather와 '방향' 또는 '도달점'을 나타내는 전치사 to가 하나가 된 단어로, 공간이나 시간을 공유하는 **'동시성' 이미지의 전치사 with와 궁합이 좋습니다.** apart '떨어져'의 어원은 <a(~쪽으로) + part(일부분)>에서 유래합니다. 어떤 곳에서 떨어지기 때문에 **'~로부터'라는 기점을 나타내는 전치사 from과 궁합이 좋습니다.**

together/apart

I work together with Alice.
나는 앨리스와 함께 일하고 있다.

나와 앨리스가 동시에 일을 하고 있는 이미지로, 이 영문은 Alice and I work together.로 나타낼 수도 있습니다.

Let's sing a song together.
모두 함께 노래를 부릅시다.

모두가 공간과 시간을 공유하여 노래를 부른다는 것입니다.

I live apart from my parents.
나는 부모님과는 따로 살고 있다.

'나는 부모님으로부터 떨어져 살고 있다'가 원래 의미이고, 이 영문은 My parents and I live apart.로 나타낼 수도 있습니다.

My brother and I are five years apart.
형과 나는 5살 차이가 난다.

apart는 공간적인 분리뿐만 아니라 시간적인 분리도 나타냅니다.

'함께'의 together

get together
모이다

Let's get together tonight.
오늘 밤 모이자.

'함께'의 together

live together
동거하다, 동서하다(같이 살다)

We lived together before we got married.
우리는 결혼하기 전부터 동거하고 있었다.

'함께'의 together

go together
조화하다, 어울리다

This tie and this suit go together.
이 넥타이와 이 정장은 어울린다.

'함께'의 together

come together
잘되다, 하나로 뭉치다

Those two countries came together on this issue.
양국은 이 문제에 대해 하나로 뭉쳤다.

together/apart

'떨어져'의 apart

fall apart

산산이 무너지다, 붕괴하다

The country is going to fall apart.
그 나라는 붕괴할 것이다.

'떨어져'의 apart

take ~ apart

~을 분해하다, ~을 산산조각을 내다

He can take the radio apart.
그는 라디오를 분해할 수 있다.

'떨어져'의 apart

take apart ~

~을 혹평하다, ~에 낙승하다

He took apart his opponent.
그는 적에 낙승했다.

'떨어져'의 apart

tell ~ apart

~을 구별하다, ~을 분간하다

Can you tell those twin sisters apart?
그 쌍둥이 자매를 분간할 수 있나요?

제 2 장

기본 동사의 이미지를 파악한다

01

come

come
자신이 있는 곳으로 '오다',
화제의 중심으로 '가다'

핵심 이미지

come은 자신이 있는 곳에 누군가가 '오는' 것뿐만 아니라, 자신이 가는 것을 전제로 **화제의 중심이 된 곳에 '간다', 상대가 있는 곳에 '간다'**는 것을 나타냅니다. 여기에서 come은 '**목적**'이나 '**도달점**'을 암시합니다. come은 go나 turn처럼 '**~가 되다**'라는 의미가 있지만, 목적을 달성하는 뉘앙스에서 '좋은 상태가 되다'라는 것을 나타냅니다.

come

**Dinner's ready.
– I'm coming.**

'저녁 준비가 됐어요.'
'지금 갈게요.'

화제의 중심에 있는 저녁식사 장소, 또는 상대방인 어머니가 있는 장소에 가는 것이 되므로, I'm coming.이라고 대답합니다.

Here comes our bus.

버스가 왔어요.

우리가 있는 장소에 오는 것을 나타내고 있습니다. Here comes A(주어).의 어순으로 'A가 왔어요'의 의미가 됩니다.

At last my dream came true.

마침내 나의 꿈이 실현됐다.

come은 '~가 되다'라는 의미의 경우 목표나 도달점을 나타내므로, '실현되다(come true)'와 같이 좋은 방향으로 향하는 의미를 가집니다.

The patient's temperature came down to normal.

환자의 열이 평상시 체온으로 내려갔다.

come은 목표나 도달점을 암시하며 평상시 체온(normal)이 도달점이 되고, come down to normal로 '평상시 체온으로 내려가다'라는 의미가 됩니다.

'출처'의 from

come from ~

~출신이다, ~산이다

Where do these potatoes come from?

이 감자들은 어디에서 나온 거죠?

'안에'의 in

come in (~)

안에 들어가다, (경쟁에서 ~위)에 들다, 유행하다

My son came in second in the marathon.

아들은 마라톤에서 2등으로 들어왔다.

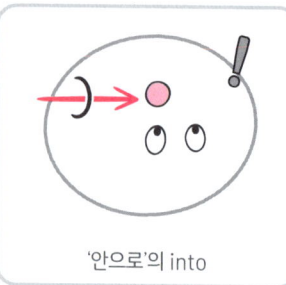
'안으로'의 into

come into ~

~의 안으로 들어가다, (머리)에 떠오르다, ~가 되다

It was the first idea that came into my mind.

그것은 나의 머리에 떠오른 최초의 생각이었다.

'넘어서'의 over

come over

찾아오다, 들르다

I'd like you to come over when you are free.

한가할 때 들르시면 좋겠는데요.

'주변'의 about

come about

(예상 외의 것이) 발생하다, 생기다

How did such a situation come about?

어쩌다가 이런 상태가 되었나요?

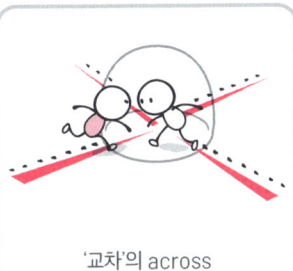

'교차'의 across

come across (~)

(우연히) ~을 만나다, ~을 발견하다, 마음에 떠오르다

I came across Jane by chance this morning.

오늘 아침 우연히 Jane을 만났다.

'평행이동'의 along, '함께'의 with

come along with ~

~와 함께 가다

Can I come along with you?

당신과 함께 가도 될까요?

'분리'의 off

come off (~)

(단추 등이 ~에서) 떨어지다, (~에서) 벗겨지다

A button has come off my coat.

내 코트의 단추가 떨어졌다.

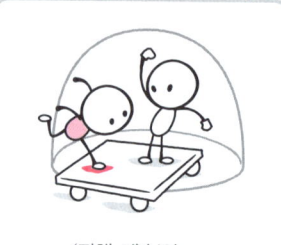

'진행·계속'의 on

come on

(명령문에서) 자 가자, 그거야

Come on! We'll be late.
자 가자! 늦겠어.

'밖으로'의 out

come out

밖으로 나오다, 나타나다, 분명해지다, 세상에 나타나다

His new book is coming out soon.
그의 신작은 곧 출시됩니다.

'상승'의 up, '함께'의 with

come up with ~

~을 생각해내다, ~을 발견하다

I came up with a good idea.
좋은 아이디어를 생각해냈다.

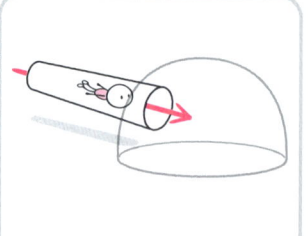

'통과'의 through

come through

빠져 나가다, 닿다

Coming through, please.
지나갈게요.

come

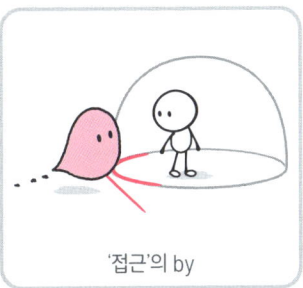

'접근'의 by

come by (~)
~을 손에 넣다, 들르다

How did you come by this antique watch?
이 골동품 시계 어떻게 구했어?

'상승'의 up

come up
(보통 in the world를 이어서) 출세하다, 지위가 올라가다

I want to come up in the world.
나는 출세하고 싶다.

'접근'의 up, '도달점'의 to

come up to ~
~에게 다가오다

A cute cat came up to me.
귀여운 고양이가 나에게 다가왔다.

'하강'의 down

come down
내려오다, (가격 등이) 내려가다

Will you come down here?
여기로 내려와 줄래?

02

go

go
이 장소로부터 '가다', '없어지다'

핵심 이미지

go는 그곳에서 '떠나'가는' 것, 즉 **기점에서 벗어나는 것**으로 come과는 달리 go만으로는 도달점을 나타내지 않습니다. 그러므로, 도달점을 나타내는 전치사 to 또는 행선지나 양태를 나타내는 부사와 함께 사용하는 것이 보통으로, **행선지를 나타내지 않으면** 단순히 그곳에서 **'사라지다'** 또는 **'없어지다'**라는 의미가 됩니다. go는 come처럼 **'~가되다'**라는 의미가 있지만, 도달점을 나타내지 않기 때문에 **나쁜 방향으로의 변화**를 나타냅니다.

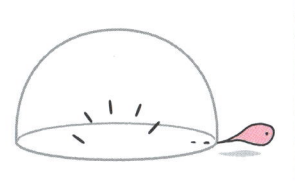

Where has the cheese **gone**?
치즈는 어디로 사라졌어?

행선지를 알 수 없기 때문에, 이 경우 go는 '사라지다'입니다.

I must be **going** now.
슬슬 가봐야겠어요.

go는 행선지를 나타내지 않으면 그곳으로부터 '사라지다' 또는 '없어지다'라는 의미가 됩니다.

He **went bald** at 30.
그는 30살에 머리가 벗어졌다.

go는 '머리가 벗어지다'라는 안 좋은 방향의 변화를 나타냅니다. 이외에, go bad '나빠지다, 썩다', go mad '미치다', go wrong '실패하다', go bankrupt '파산하다' 등이 있습니다.

I'm **going to** quit my job.
일을 그만둘 거예요.

be going to do ~는 '~하는 방향으로 가고 있다'가 원래 의미로, '~할 것입니다'라는 의사 또는 예정을 나타내게 된 것입니다. 글자 그대로의 의미는 '나는 일을 그만두는 방향으로 가고 있다'입니다.

'추구'의 after

go after ~
~을 쫓아가다, ~을 추구하다

The police are going after the car.
경찰이 그 차를 쫓고 있다.

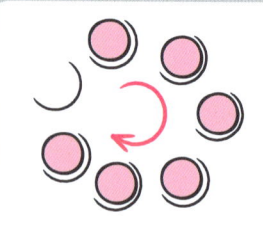
'빙빙·주변'의 around

go around
모두에게 고루 돌아가다, 돌아서 가다

We have enough cake to go around.
모두에게 고루 돌아갈 만한 케이크가 있습니다.

'분리'의 away

go away
(고통이) 사라지다, 떠나가다

Pain, pain, go away!
고통아, 고통아, 사라져라!

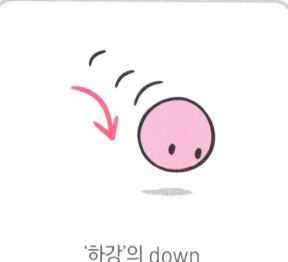
'하강'의 down

go down
내려가다, 내리다

Going down?
(엘리베이터를 탈 때에) 내려가세요?

'하강'의 down

go down

(표면보다 아래로) 사라지다, 가라앉다, 추락하다, 고장나다

The ship went down into the sea.
그 배는 바다로 가라앉았다.

'하강'의 down

go down

쓰러지다

The earthquake made the building go down.
지진으로 빌딩이 쓰러졌다.

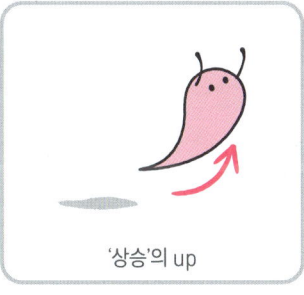

'상승'의 up

go up

올라가다

Prices are going up.
가격이 올라가고 있다.

'접근'의 up, '도달점'의 to

go up to ~

~에게 다가가다

A stranger went up to him.
모르는 사람이 그에게 다가갔다.

'근처'의 by

go by
지나가다, 들르다, (시간이) 흐르다

A dump truck went by.
덤프트럭이 지나갔다.

'밖으로'의 out

go out
외출하다, 나가다

How about going out to lunch?
점심 식사하러 나갈까요?

'밖으로'의 out, '함께'의 with

go (out) with ~
~와 사귀다

I've been going out with Nancy for a month.
한 달째 Nancy와 사귀고 있어요.

'함께·부대'의 with

go with ~
~와 함께 가다, ~와 어울리다

White wine goes with fish.
화이트 와인은 생선과 어울린다.

'분리'의 off, '함께'의 with

go off (with ~)
~을 가지고 가다, 떠나가다

He went off with all my money.
그는 내 돈을 몽땅 가지고 달아났다.

'분리·개시'의 off

go off
(총이) 발사되다, (경보, 시계가) 울리다, 나아가다

The alarm went off.
알람이 울렸다.

'소실·중단'의 off

go off
(전기가) 꺼지다, (가스가) 끊기다

The lights went off.
전등이 꺼졌다.

'넘어서'의 over, '도달점'의 to

go over to ~
~로 건너가다, 바다를 건너 ~로 가다

He went over to America.
그는 미국으로 건너갔다.

'넘어서·반복'의 over

go over ~

~을 건너다, ~을 반복하다,
~을 복습하다, ~을 다시 읽다

I have to go over my notes before the exam.

시험 전에 필기 내용을 복습해야 해.

'진행·계속'의 on

go on (~ing)

~하는 것을 계속하다, 계속하다

The boy went on riding his bike.

그 소년은 자전거를 계속 탔다.

'진행·계속'의 on

go on

(시간이) 경과하다

Time went on quickly.

시간이 빠르게 경과했다.

'통과'의 through

go through (~)

(~을) 통과하다

The bill went through with a big majority.

그 법안이 다수로 통과하였다.

'통과·철저'의 through

go through ~
~을 경험하다, ~을 샅샅이 조사하다

He went through a lot of difficulties.
그는 많은 고난을 경험했다.

'안으로'의 into

go into ~
~에 들어가다, ~에 부딪치다

The truck went into the wall.
그 트럭은 벽에 충돌했다.

'추구'의 into

go into ~
~을 조사하다, (직업을) 얻다

The police began to go into the details of the murder.
경찰은 그 살인사건의 상세한 내용을 조사하기 시작했다.

'목표·목적'의 for

go for ~
~을 얻으려 노력하다, ~을 외치며 가다

Go for it!
힘내!

03

turn

turn
'방향을 바꾸다'

핵심 이미지

'돌다', '돌아오다'라는 의미의 turn은 여행의 시작 후에 최종적으로는 원래 장소에 돌아오는 '관광 여행'인 '투어(tour)'와 같은 어원으로, '물레로 돌리다'가 원래 의미입니다. 도는 방향이나 각도는 몇 도이든지 상관없습니다. come이나 go처럼 turn에는 '~이 되다'라는 의미가 있지만, **어떤 상태로부터 전혀 다른 상태로의 변화**를 나타냅니다. 주로 시간의 경과에 따른 변화를 나타내는 것이 많습니다.

turn

Turn right at the first corner.
처음의 모퉁이에서 오른쪽으로 도세요.

90도 방향으로의 변화는 turn입니다.

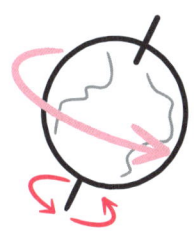

The earth turns around its axis.
지구는 축을 중심으로 돈다.

360도 방향으로의 변화도 turn입니다.

The leaves of the tree are turning red.
나뭇잎이 붉어지고 있다.

나뭇잎이 녹색에서 빨간색이 되는, 다른 상태로의 변화도 turn입니다.

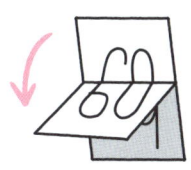

He turned 60 yesterday.
그는 어제 60세가 되었다.

나이와 같이 시간의 경과에 따른 변화를 나타내는 것은 turn입니다.

'빙빙·주변'의 around

turn around

획 돌아서다, 의견(태도)를 바꾸다

He turned around and looked at me.

그는 획 돌아서서 나를 봤다.

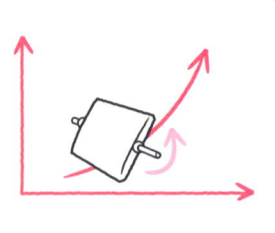

'빙빙·주변'의 around

turn ~ around

~을 호전시키다

The President has turned the economy around.

대통령은 경제를 호전시켰다.

'방향'의 to

turn to ~

~으로 돌다

Turn to the left at the second corner.

두 번째 모퉁이를 오른쪽으로 도세요.

'방향'의 to

turn to ~

~에 의지하다, ~을 조사하다

Turn to your notes.

노트를 조사하세요.

'방향'의 to

turn to ~

(페이지)를 펼치다

Turn to page 23.

23페이지를 펴세요.

'분리'의 away

turn away

(돌아서) 떠나다, 얼굴을 돌리다

He turned away at the sight of the snake.

그는 뱀을 보고 얼굴을 돌렸다.

'뒤로·원래대로'의 back

turn back

되돌아가다, 돌아가다

There is no turning back.

되돌아갈 수는 없다.

'넘어서'의 over

turn over (~)

~을 뒤집다, 뒤집히다

Turn over the card and place it on the table.

카드를 뒤집어서 테이블 위에 놓아주세요.

'넘어서'의 over

turn over ~
~을 넘겨주다

The hostage was turned over to his government.
인질이 정부에게 넘겨졌다.

'변화'의 into

turn into ~
~으로 변하다

Caterpillars turn into butterflies.
애벌레는 나비로 변한다.

'하강·정지'의 down

turn down ~
~을 거절하다

The committee turned down my proposal.
위원회는 나의 제안을 거부했다.

'하강'의 down

turn down ~
(음량)을 줄이다

Shall I turn down the volume?
음량을 줄일까요?

turn

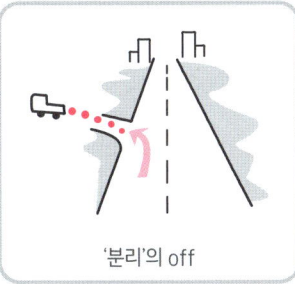

'분리'의 off

turn off (~)

(~에서) 샛길로 들다

The truck turned off the main road.

트럭은 간선도로에서 샛길로 들어갔다.

'소실·중단'의 off

turn off (~)

(전등)을 끄다, ~을 멈추다, 꺼지다

Turn off the light when leaving the room.

방을 나올 때는 전등을 꺼주세요.

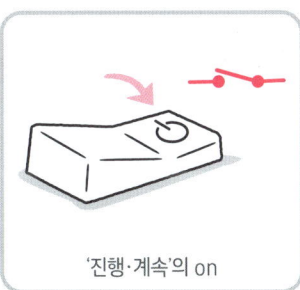

'진행·계속'의 on

turn on (~)

(전등)을 켜다, (전원)을 넣다, (전등이) 켜지다

He turned on the radio.

그는 라디오를 켰다.

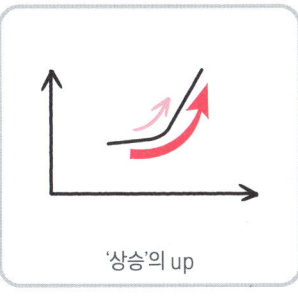

'상승'의 up

turn up

위를 향하다

The economy is turning up.

경제가 상향하고 있다.

'상승'의 up

turn up ~

(바지나 치마의 길이)를 줄이다, 접어서 꺾다

Can you turn up the hem on these pants?

바짓단을 줄여줄 수 있나요?

'상승'의 up

turn up ~

(음량)을 높이다

Will you turn up the volume?

음량을 높여주시겠어요?

'상승'의 up

turn up

모습을 드러내다

She didn't turn up at the party after all.

결국 그녀는 파티에 모습을 드러내지 않았다.

'밖으로'의 out

turn out (~)

~임이 드러나다, ~가 되다, ~을 끄다

The party turned out to be a big success.

파티는 대성공이었다.

turn

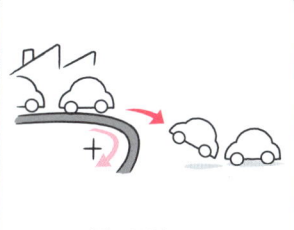

'밖으로'의 out

turn out ~

~을 생산하다, ~을 배출하다

That factory turns out 300 cars a day.
그 공장은 하루에 300대의 자동차를 생산한다.

'밖으로'의 out

turn ~ inside out

~을 안팎으로 뒤집다

Turn it inside out.
그것을 안팎으로 뒤집어라.

'하강'의 down

turn ~ upside down

~을 위아래로 뒤집다

Turn it upside down.
그것을 위아래로 뒤집어라.

'안에'의 in

turn in ~

~을 제출하다, ~을 넘겨주다

I have to turn in my assignment tomorrow.
나는 내일 과제를 제출해야 해요.

04

get

get
최종적으로 자기 것으로 하다

핵심 이미지

get은 스스로 적극적으로 작용하여 '얻는' 것으로, 돈을 지불하면 '사다'라는 의미도 됩니다. 작용의 정도는 다양하지만, 기본적으로는 **얻을 때까지의 과정**에 초점이 맞춰져 있습니다. 한편, 선물·돈·편지 등 보내진 것을 받는 것도 get이며, 피해·손해·병 등 **달갑지 않은 것을 '받는다'**는 것도 get입니다.

Who got the gold medal?
금메달을 딴 건 누구입니까?

상당한 노력을 기울인 결과 '얻는' 것은 get입니다.

I got a Christmas present from my mother.
어머니로부터 크리스마스 선물을 받았어.

내밀어진 물건을 단순히 '받는' 행위는 get입니다.

I got a cold from Tom.
Tom에게서 감기가 옮았다.

피해·손해·병 등 달갑지 않은 것을 '받는' 것도 get입니다.

I got home at midnight.
자정에 집에 돌아왔다.

get은 과정에 초점이 맞춰져 있으므로, '어려움을 극복하고 집에 도착했다'라는 뉘앙스를 담고 있습니다. I went home at midnight. 은 단순히 '자정에 귀가했다'입니다.

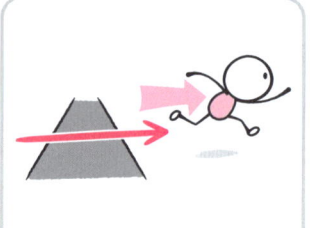

'교차'의 across

get across ~
~을 건너다

How can I get across the river?
어떻게 강을 건너면 되나요?

'빙빙·주변'의 around

get around ~
(문제·고난 등)을 피하다, (법률)을 피하다, ~을 극복하다

He knows how to get around the law.
그는 법을 피하는 방법을 안다.

'상승'의 up

get (~) up
~을 깨우다, 일어나다

Can you get me up at 5?
5시에 깨워줄 수 있어요?

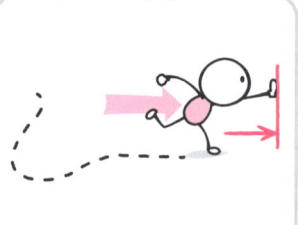

'방향·도달점'의 to

get to ~
~에 도착하다

How can I get to the airport?
어떻게 공항까지 가야 하나요?

'넘어서'의 over

get over ~

~을 타고 넘다, ~을 극복하다

I can't get over my cold.
감기가 낫질 않는다.

'통과'의 through

get through ~

~을 빠져나가다, ~을 끝내다

I need to get through this work by tomorrow.
내일까지 이 일을 끝낼 필요가 있다.

'밖으로'의 out

get out

밖으로 나가다, 달아나다

Get out!
밖으로 나가!

'밖으로'의 out of

get out of ~

(차)에서 내리다, ~에서 나오다

I got out of the taxi.
나는 택시에서 내렸다.

'분리'의 off

get off (~)
(~에서) 내리다

I'll get off at the next stop.
나는 다음 정류장에서 내릴게요.

'접촉'의 on

get on (~)
(~에) 타다

I got on the bus in front of the station.
정류장 앞에서 버스에 탔다.

'진행·계속'의 on

get on
(보통 in the world를 이어서) 출세하다, 성공하다

His aim is to get on in the world.
그의 목표는 출세하는 것이다.

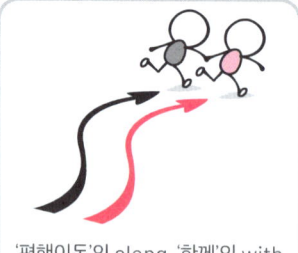

'평행이동'의 along, '함께'의 with

get along with ~
~와 사이좋게 지내다, ~와 잘 지내다

How are you getting along with your wife?
부인과는 잘 지내세요?

'장소의 어떤 지점·목표'의 at

get at ~
~에 손이 닿다, (진실)을 알다, ~을 암시하다

Can you get at that book on the shelf?
선반 위에 있는 저 책에 손이 닿나요?

'분리'의 away

get away
도망치다, 달아나다

The thief got away from the police.
그 도둑은 경찰로부터 도망쳤다.

'먼저'의 ahead

get ahead
출세하다, 성공하다

You only have to work hard to get ahead.
성공하려면 열심히 노력하는 것뿐이다.

'하강'의 down

get down (~)
내리다, ~을 내려놓다, 엎드리다

Get down!
엎드려!

'안정'의 down, '방향'의 to

get down to ~

(진지하게) ~에 착수하다, ~에 집중하다

Let's get down to work.

일에 집중하자.

'안에'의 in

get in

(고생해서) 안에 들어가다, 침입하다

The thief got in through the bathroom window.

도둑은 욕실 창문으로 침입했다.

'안에'의 in

get in

(탈것이 역이나 공항에) 도착하다

What time does the train get in?

기차는 몇 시에 도착합니까?

'안으로'의 into

get into ~

~안으로 들어가다, ~에 타다

Let's get into the taxi.

택시에 타자.

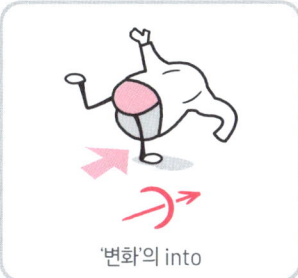

'변화'의 into

get into ~
~로 갈아입다

Get into your pajamas.
잠옷으로 갈아입어라.

'안으로'의 into

get into ~
(고생해서) ~에 들어가다

His son got into Tokyo University.
그의 아들은 도쿄대에 들어갔다.

'안으로'의 into

get into ~
~에 빠지다, (나쁜 상태)가 되다

We may get into trouble.
귀찮게 될지도 몰라.

'안으로'의 into

get into ~
~에 빠져들다, ~에 굉장히 흥미를 갖다

I'm getting into jazz.
재즈에 빠져들고있어요.

bring / take / carry

bring
자신의 장소로 '가져오다',
상대의 장소로 '가져가다'

take
다른 장소에 '가져가다'

carry
'가지고 옮기다'

핵심 이미지

화자나 청자가 있는 장소에서 **다른 장소로 '가지고(데리고) 가는'** 것이 take인데, 기점을 나타내기 때문에 전치사 to 등을 사용해 행선지를 나타내야 합니다. bring은 도달점을 나타내 화자가 있는 장소에 '가져오다(가다)'가 기본 의미이지만, **화자가 지금부터 가려고 하는 장소나, 청자가 있는 장소를 향해 '가져(데리고)간다'** 는 것도 나타냅니다. carry '가지고 옮기다'는, '차'인 car와 같은 어원이지만, 행선지라기보다는 **몸에 지니고 돌아다니는** 것에 중점을 둡니다.

bring/take/carry

I'll bring it to you right now.
지금 바로 가지고 가겠습니다.

화자가 있는 장소뿐만 아니라, 상대가 있는 장소에 가지고 간다는 것도 bring입니다.

Bring your wife.
부인을 데려오세요.

bring은 도달점을 암시하므로, 행선지를 나타내는 부사구가 없어도 됩니다. 물론 구체적으로 Bring your wife to the party.라고 해도 되겠죠.

I'll take you to dinner.
식사에 데려갈게요.

'데려가다'의 take는 행선지를 나타내는 전치사 to나 양태를 나타내는 부사구를 사용합니다.

You must always carry your passport.
항상 여권을 가지고 다녀야 합니다.

여권을 '항상 휴대한다'는 것은 carry입니다.

'상승'의 up

bring up ~
~을 기르다, (화제·문제)를 꺼내다

He was brought up in Paris.
그는 파리에서 길러졌다.

'주변'의 about

bring about ~
~을 일으키다

His reckless driving brought about the accident.
그의 부주의한 운전이 사고를 일으켰다.

'뒤로'의 back

bring back ~
~을 돌려주다

Please bring back the book by Monday.
월요일까지 책을 돌려주세요.

'뒤로'의 back

bring back ~
~을 생각나게 하다

This photo brings back lots of good memories.
이 사진은 많은 즐거웠던 일들을 생각나게 한다.

bring/take/carry

'하강'의 down

bring down ~
~을 내리다, ~을 착륙시키다

The company decided to bring down the prices of its computers.
그 회사는 컴퓨터의 가격을 내리기로 결정했다.

'하강·정지'의 down

bring down ~
~을 실각시키다, ~을 쓰러뜨리다

The crisis brought down the government.
그 위기는 정부를 실각시켰다.

'밖으로'의 out

bring out ~
~을 끌어내다

The spices bring out the flavor of the meat.
향신료는 고기의 풍미를 끌어낸다.

'밖으로'의 out

bring out ~
~을 출판하다, (신제품)을 내다

The publisher brought out five of his books in one year.
이 출판사는 한 해에 그의 책 5권을 출판했다.

'분리'의 away

carry away ~
~을 채어가다, 휩쓸어 가다

The thief carried away the jewels.
도둑이 보석을 휩쓸어 갔다.

'분리'의 away

carry away ~
~을 흥분시키다, ~을 열중하게 하다

Don't get carried away.
흥분하지 마세요.

'뒤로'의 back, '도달점'의 to

carry A back to B
A에게 B를 생각나게 하다

This song always carried me back to my childhood.
이 노래는 항상 내게 어린 시절을 생각나게 했다.

'분리'의 off

carry off ~
~을 채어가다, ~을 쟁취하다

They carried off the win in the last minute of the game.
그들은 경기의 마지막 순간에 승리를 쟁취했다.

bring/take/carry

'진행·계속'의 on, '함께'의 with

carry on (with ~)
(~을) 계속하다

The police carried on with the investigation.
경찰은 조사를 계속했다.

'완료'의 out

carry out ~
~을 수행하다, ~을 행하다

He carried out the plan.
그는 그 계획을 수행했다.

'넘어서'의 over

carry over ~
~을 미루다, ~을 연기하다

Let's carry over this discussion after lunch.
이 토론은 점심 식사 후로 미루죠.

'철저'의 through, '함께'의 with

carry through with ~
~을 완수하다

He didn't carry through with his promise.
그는 그의 약속을 지키지 않았다.

06

put/set

put
툭 '놓다'

set
제대로 '놓다'

핵심 이미지

어떤 물건을 어떤 장소에 '놓다'라는 것이 put의 핵심 이미지로, 위에 놓으면 '올려놓다', 안에 놓으면 '넣다', 밖으로 놓으면 '꺼내다', 옆에 놓으면 '붙이다' 등의 동작이나 태도를 나타냅니다. put은 어원적으로는 '꾹 누르다'라는 의미이지만, **아무렇게나 '툭 놓는'** 느낌입니다. set은 어떤 물건을 어떤 장소에 '놓다'라는 의미에서 put과 같지만, **정해진 장소에 '제대로 놓다'**라는 것에 초점이 맞춰진다는 점에서 put과는 다릅니다.

put/set

Where should I put this?
– Please put it on the desk.

'이거 어디에 두면 좋을까요?'
'책상 위에 놓아 주세요.'

아무렇게나 툭 놓는 것은 put입니다.

Don't forget to put a stamp on it.

잊지 말고 우표를 붙여 주세요.

그림엽서나 봉투에 꾹 눌러 '붙이는' 것은 put 입니다.

Will you set the plates on the table?

테이블에 접시를 가지런히 놓아줄래?

테이블 위에 가지런히 접시를 놓는 것은 set 입니다. '식탁을 차리다'는 set the table입니다.

The sun set beyond the horizon.

태양이 수평선 너머로 졌다.

해가 지듯이, 제대로 일정한 법칙에 따라 두는 것은 set입니다.

'옆에'의 aside

put ~ aside

~을 옆에 두다, ~을 보관해 두다

You should put the money aside for a rainy day.

만약을 위해 그 돈을 보관해 두는 게 좋다.

'옆에'의 aside

put ~ aside

~을 중단하다, ~을 잊다

Put your work aside for a minute and listen to me.

잠깐 일을 중단하고 내 말 들어요.

'분리'의 away

put ~ away

~을 치우다, ~을 준비해 놓다

Put your toys away.

장난감을 치우세요.

'원래대로'의 back

put ~ back

~을 되돌리다

Put it back where it was.

원래 있던 자리에 그것을 되돌려 놓아라.

put/set

'뒤로'의 back

put ~ back
~을 늦추다, ~을 연기하다

The performance date has been put back to next Sunday.
공연 날짜가 다음 주 일요일로 연기되었다.

'안에'의 in

put in ~
~을 꽂다, 끼우다

He put in a bookmark at page 10.
그는 10페이지에 책갈피를 끼웠다.

'안에'의 in

put in
(말을) 끼우다, 덧붙이다

"I disagree," she put in.
"찬성할 수 없어요"라고 그녀는 참견했다.

'변화'의 into

put A into B
A를 B로 번역하다

Put the sentence into English.
그 문장을 영어로 번역해라.

165

'안으로'의 into

put A into B

A를 B에 부어 넣다

He put a lot of money into the project.
그는 그 계획에 많은 돈을 들였다.

'함께'의 together

put ~ together

~을 조립하다, ~을 모으다

I like putting model planes together.
모형 비행기를 조립하는 것을 좋아해요.

'하강'의 down

put ~ down

~을 아래에 놓다

Put it down.
그것을 아래에 둬.

'하강·안정'의 down

put ~ down

~을 적어 두다

Will you put your name down for a table and wait?
이름을 쓰고 기다려 주시겠어요?

put/set

'쇠퇴'의 down

put down ~
~을 가라앉히다

The riot was put down by the police.
폭동은 경찰에 진압되었다.

'하강'의 down

put down ~
(계약금·선불금)을 지불하다
*계약금 분을 차감해 지불하는 것에서

He put down a deposit of 1000 dollars.
그는 1,000달러의 선불금을 지불했다.

'접촉'의 on

put ~ on
~을 몸에 걸치다

Put your coat on when you go out.
밖에 나갈 때 코트를 입으세요.

'접촉'의 on

put on ~
(체중 등)이 늘다

I've put on weight recently.
최근 체중이 늘었어요.

'접촉'의 on

put ~ on
~을 조리하기 시작하다

Shall I put the pasta on?
파스타를 만들기 시작할까요?

'상승'의 up

put (~) up
~을 올리다, ~을 세우다

Put your hand up when you have a question.
질문이 있을 때는 손을 올려 주세요.

'상승'의 up

put (~) up
~을 묵게 하다, 묵다

My friends put me up for the night.
친구가 그날 밤 나를 재워 주었다.

'상승'의 up

put (~) up
~을 후보자로 추천하다, 입후보하다

He was put up for a promotion.
그는 승진을 추천받았다.

put/set

'상승'의 up, '함께'의 with

put up with ~
~을 참다, ~에 견디다

I had to put up with his arrogance.
그의 오만함을 참아야 했다.

'통과'의 through, '도달점'의 to

put *A* through to *B*
A를 B에 연결하다, A를 B에 통하게 하다

Please put me through to the president.
사장님께 연결해 주세요.

'소멸'의 out

put (~) out
~을 끄다

He put the cigarette out.
그는 담배를 껐다.

'분리'의 off

put off ~
~을 연기하다

I put off going to the dentist until next Monday.
치과에 가는 것을 다음 주 월요일로 연기했다.

'개시'의 off

set off
(여행을) 출발하다

They set off on a trip to Europe.
그들은 유럽 여행을 떠났다.

'개시'의 off

set off ~
~을 점화하다, ~을 유발하다

We enjoyed setting off fireworks on the beach.
우리는 해변에서 불꽃놀이(불꽃 발사)를 즐겼다.

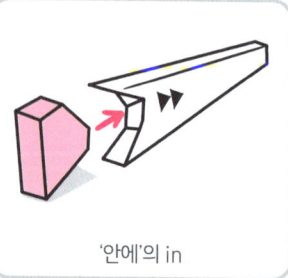

'안에'의 in

set in
(가혹한 계절·감염이) 시작되다

The rainy season has set in.
장마가 시작되었다.

'밖으로'의 out

set out
(사업을) 시작하다

She set out to build a law practice.
그녀는 변호사 일을 시작했다.

put/set

'밖으로'의 out

set out
(여행을) 출발하다

He set out for Paris.
그는 파리를 향해 출발했다.

'주변'의 about

set about ~
~에 착수하다

It's time to set about our work.
일에 착수할 때다.

'상승'의 up

set up ~
~을 세우다

The police set up a roadblock to New York.
경찰은 뉴욕으로 통하는 도로에 바리케이드를 세웠다.

'상승'의 up

set up ~
~을 설립하다, ~의 준비를 하다

He set up a new business.
그는 새로운 회사를 설립했다.

07

pull/draw/
push/press

pull
자신의 쪽으로 '끌어당기다'

draw
부드럽게 '끌어당기다'

push
움직이는 것을 '밀다'

press
위치가 변하지 않는 것을 '밀다'

핵심 이미지

pull은 손으로 단단히 잡고, 수평 방향으로든 수직 방향으로든 자기 방향으로 가까워지게 힘을 주어 '**끌어당긴다**'는 것입니다. 동의어 draw는 안정된 속도와 힘으로 일정 방향으로 '**부드럽게 끌어당긴다**'는 것으로, 대상이 되는 물건과 접촉면의 마찰을 느끼지 않게 하는 것이 특징입니다. **자신과 반대 방향에 힘을 주어 이동하는** 것이 push '밀다'이며, 동의어인 press는 위치가 변하지 않는 물건에 대해 '**압력을 가함**'으로써 그 대상물에 영향을 주는 것을 암시합니다.

pull/draw/push/press

Don't pull the dog by its tail.
개의 꼬리를 당기지 마세요.

자신의 방향으로 가까워지게 힘을 주어 당기는 것은 pull입니다.

Will you draw me a map to the station?
역까지 가는 지도를 그려 주시겠어요?

연필이나 펜 등으로 부드럽게 선을 긋는 것은 draw입니다.

People at the back, stop pushing.
뒤에 있는 사람들, 그만 밀어요.

자신과 반대 방향으로 힘을 주어 움직이는 것, 즉 '밀다'라는 것은 push입니다.

Grapes are pressed to make wine.
와인을 만들기 위해 포도가 압착된다.

대상물인 포도를 압력을 가함으로써 와인으로 변화시키는 것은 press입니다.

pull down ~
~을 내리다, ~을 끌어내리다

Will you pull down the shade?
차양을 내려주시겠어요?

'하강'의 down

pull down ~
~을 헐다

The Berlin Wall was finally pulled down.
베를린 장벽은 마침내 무너졌다.

'하강·정지'의 down

pull back (~)
물러나다, 후퇴하다, ~을 후퇴시키다

The soldiers were told to pull back.
병사들은 후퇴하라는 말을 들었다.

'뒤로'의 back

pull in
(열차·버스·배 등이) 도착하다, 들어오다

The train pulled in on schedule.
열차는 예정대로 도착했다.

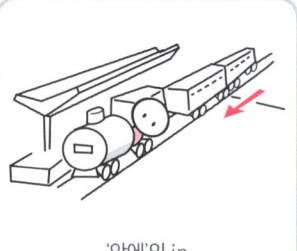
'안에'의 in

pull/draw/push/press

'안에'의 in

pull in ~

~을 벌다

He pulled in a lot of money by gambling.

그는 도박으로 큰돈을 벌었다.

'분리'의 off

pull off ~

~을 급하게 벗다, ~을 잡아당겨 잡다(벗다)

Don't pull off your shoes.

신발을 당겨서 벗지 마.

'분리'의 off

pull off ~

~을 잘 완수하다, ~을 쟁취하다

He pulled off the win.

그는 승리를 쟁취했다.

'접촉'의 on

pull on ~

~을 잡아당겨 입다, ~을 급하게 몸에 걸치다

Don't pull on my T-shirt.

내 티셔츠를 잡아당겨 입지 마.

'밖으로'의 out

pull out ~

~을 뽑다, ~을 꺼내다

I had a cavity pulled out.
나는 충치를 뽑았다.

'밖으로'의 out

pull out

(차가) 도로에 나오다, 발진하다, 차선 변경하다

Watch out! There's a car pulling out.
조심해요! 차가 나오고 있어요.

'넘어서'의 over

pull over

옆으로 서다, (차를) 옆으로 대다

Pull over!
차를 옆으로 대세요!

'상승'의 up

pull up ~

~을 뽑다

Don't pull up the flowers.
꽃을 뽑지 마세요.

pull/draw/push/press

'접근'의 up

pull up ~

(의자)를 끌어당기다·가까이 가져오다

Pull up a chair and sit next to me.

의자를 가져와서 제 옆에 앉으세요.

'상승·완료'의 up

pull up (~)

~을 세우다, 멈추다
*원래는 말의 고삐를 당기는 것에서

He pulled up his car in front of the hotel.

그는 호텔 앞에 차를 세웠다.

'통과'의 through

pull through (~)

(병·위기를) 극복하다

He will definitely pull through.

그는 반드시 극복할 것이다.

'함께'의 together

pull together

함께 협력하다

They pulled together for their mutual interest.

그들은 서로의 이익을 위해 함께 협력했다.

'밖으로'의 out

draw out ~

~을 꺼내다

I drew out cash from the ATM.
ATM에서 현금을 인출했다.

'완료'의 up

draw up ~

~을 작성하다

They drew up the contract.
그들은 계약서를 작성했다.

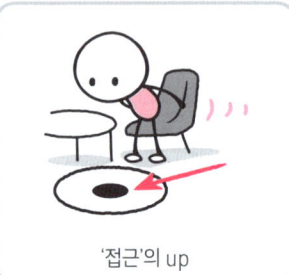

'접근'의 up

draw up ~

(의자)를 끌어당기다

Draw up a chair.
의자를 끌어당기세요.

'뒤로'의 back

draw back (~)

뒷걸음질 치다, 손을 떼다, ~을 되돌리다

He drew back at the sight of a snake.
그는 뱀을 보고 뒷걸음질 쳤다.

pull/draw/push/press

'빙빙·주변'의 around

push ~ around
~을 부려먹다, ~을 난폭하게 다루다

He's always pushing his men around.
그는 항상 부하들을 부려먹고 있다.

'개시'의 off

push off
물가를 떠나다, 출발하다

It's time to push off.
출발할 시간이에요.

'넘어서'의 over

push over ~
~을 밀어 넘어뜨리다, ~을 뒤엎다

He pushed over the table and the chairs.
그는 테이블과 의자를 뒤엎었다.

'통과'의 through

push ~ through
~을 통과시키다, ~을 완수하다

The President pushed the bill through.
대통령은 그 법안을 통과시켰다.

'옆으로'의 aside

push aside ~

(싫은 일)을 잊다, ~을 생각하지 않게 하다, ~을 옆으로 하다

He pushed aside his anger.
그는 분노를 잊으려 했다.

'앞으로'의 forward, '함께'의 with

push forward (with ~)

(~을) 척척 추진하다, 전진하다

They pushed forward with the project.
그들은 그 계획을 척척 진행했다.

'상승·기세'의 up

push up ~

~을 밀어 올리다

Inflation pushed up prices 20%.
인플레이션이 물가를 20% 끌어올렸다.

'밖으로'의 out

push ~ out

~을 밀어내다, ~을 해고하다, ~을 장외로 내보내다

Many employees were pushed out of their jobs.
많은 직원이 직장에서 해고되었다.

pull/draw/push/press

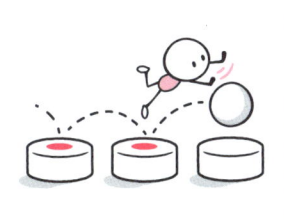

'진행·계속'의 on, '함께'의 with

press/push on with ~

~을 척척 추진하다

Let's press on with our work.
일을 척척 진행하자.

'목표·목적'의 for

press/push for ~

~을 강하게 요구하다, ~을 강하게 강요하다

They pressed for a change in the law.
그들은 법률의 개정을 강하게 요구했다.

'접촉'의 on

press A on B

A를 B에게 강요하다

Don't press your views on me.
당신의 생각을 저에게 강요하지 마세요.

'안으로'의 into

press into ~

~로 몰려들다

The crowd of fans pressed into the small concert hall.
팬의 군중이 좁은 콘서트장으로 몰려들었다.

keep / hold / leave

keep
그대로의 상태를
'유지하다'

hold
꽉 잡아 그대로의 상태를
'유지하다'

leave
그 자리에서 벗어나면서
그대로의 상태를 '유지하다'

핵심 이미지

keep '유지하다'는 일정 기간 어떤 물건을 **자기 자리에 유지하거나** 어떤 상태를 **그대로 두는** 것을 말합니다. hold '유지하다'는 keep이 가진 이미지에 **손으로 꽉 움켜쥐고 있는** 이미지를 더한 것으로, 어느 쪽인가 하면 **일시적으로 누르는** 이미지입니다. leave는 어떤 장소를 **뒤로하고 떠나거나** 어떤 것을 **남기고 떠나는** 이미지로 그곳에서 '출발하다', '떠나다', '남기다', '두고 오다', 또 '내버려 두다'의 의미가 됩니다.

keep/hold/leave

He kept the door open.
그는 문을 연 채로 두었다.

keep은 문이 보이는 범위 안에 그가 있다는 것을 암시하고 있습니다.

Can you keep my bag for a moment?
잠시 제 가방을 맡아 주시겠어요?

일정 기간 가방을 맡아 두는 것은 keep이지만, Can you hold my bag?이 되면 상대가 손에 가지고 있는 것이 전제가 됩니다.

He held the door open.
그는 문을 연 채로 잡아 두었다.

hold는 다른 사람들이 자유롭게 드나들 수 있도록 그가 손으로 잡고 있는 모습이 보입니다.

He left the door open.
그는 문을 열린 채로 내버려 두었다.

leave는 그가 문을 열어둔 채로 그 장소를 떠났다는 의미가 됩니다.

'뒤로'의 back

keep back

뒤로 물러서다, 가까이 가지 않다

Keep back! There's a truck coming.
뒤로 물러나세요! 트럭이 와요.

'뒤로'의 back

keep back ~

~을 숨겨 두다, ~을 참다

He tried to keep back his tears.
그는 눈물을 참으려고 했다.

'뒤로'의 back

keep back ~

~을 제지하다

They built barriers to keep back the flood water.
그들은 홍수를 제지하기 위한 방어벽을 세웠다.

'하강'의 down

keep down

웅크리다, 엎드리다

Keep down! They are shooting at you.
엎드려! 그들은 너를 노리고 있어.

keep/hold/leave

'하강'의 down

keep ~ down

(목소리·소리)를 작게 하다

Please keep your voice down.
목소리를 낮춰 주세요.

'분리'의 off

keep off (~)

(~에) 가까이 가지 않다, ~을 피하다

Keep off the grass.
잔디에 출입 금지.

'밖으로'의 out

keep out (~)

가까이 가지 않다, ~을 안에 넣지 않다

Keep out!
출입 금지!

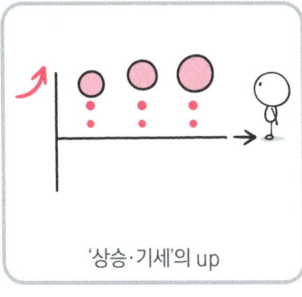

'상승·기세'의 up

keep up

유지하다, 계속되다

The economic boom kept up for a year.
경기 호황은 1년간 계속되었다.

'접근'의 up, '함께'의 with

keep up with ~

늦지 않게 ~을 따라가다, ~와 연락을 계속하다

We walked fast to keep up with him.

우리는 그를 늦지 않게 따라가기 위해 빠르게 걸었다.

'진행·계속'의 on

keep on ~ing

~하는 것을 계속하다

He kept on complaining.

그는 불평하는 것을 계속했다.

'안에'의 in

keep ~ in

~을 가두다, ~을 입원시키다

He was kept in prison for a month.

그는 1달간 투옥되었다.

'저지'의 from

keep A from ~ing

A가 ~하는 것을 막다

The accident kept me from coming on time.

그 사고는 내가 제때 오는 것을 막았다.
→ 그 사고로 나는 제때 오지 못했다.

keep/hold/leave

'분리'의 away

keep ~ away
~을 멀리 두다

An apple a day keeps the doctor away.
하루 한 개의 사과는 의사를 멀리한다.
→ 하루 한 개의 사과로 의사가 필요 없다.

'분리'의 away, '기점'의 from

keep away from ~
~에 가까이 가지 않다

Keep away from the cliff.
그 절벽에 가까이 가지 마세요.

'방향'의 to

keep to ~
~에서 벗어나지 않다, ~에 따르다

Keep to the left.
좌측통행.

'방향'의 to

keep (~) to *oneself*
~을 남에게 말하지 않다, 혼자 있다

I'll keep the promise to myself.
그 비밀을 아무에게도 말하지 않겠어요.

'상승'의 up

hold up ~
~을 높이 들다

Hold up your hands.
손을 높이 드세요.

'상승'의 up

hold up ~
~을 덮쳐 강탈하다, ~을 늦추다

Two armed men held up the bank.
무기를 가진 두 명의 남자가 은행을 덮쳤다.

'뒤로'의 back

hold back ~
(감정)을 억제하다, ~을 망설이다

I couldn't hold back my tears.
나는 눈물을 참을 수 없었다.

'하강·안정'의 down

hold down ~
~을 짓누르다, ~을 붙잡다

The shop owner held down the robber.
가게 주인은 강도를 붙잡았다.

keep/hold/leave

'하강'의 down

hold down ~

~을 낮게 억제하다

The government tried to hold down inflation.
정부는 인플레이션율을 낮게 억제하려고 했다.

'분리'의 off

hold off ~

~을 늦추다, ~을 미루다

He held off making a decision.
그는 결정을 미뤘다.

'진행·계속'의 on

hold on

(전화를 끊지 않고) 기다리다, 버티다

Can you hold on a moment?
잠시 기다려주시겠어요?

'진행·계속'의 on, '도달점'의 to

hold on to ~

~을 꽉 잡다, ~을 놓지 않다

Hold on to the strap.
손잡이를 꽉 잡으세요.

'밖으로'의 out

hold out ~
~을 내밀다

Hold out your palms.
양 손바닥을 내미세요.

'마지막까지'의 out

hold out
계속 버티다, 계속하다

Water supplies won't **hold out** much longer.
물 공급은 얼마 가지 않을 거예요.

'안에'의 in

hold in ~
(감정)을 억제하다

He can't **hold in** his emotions.
그는 감정을 억제하지 못한다.

'넘어서'의 over

hold over ~
~을 연기하다, ~을 뒤로 미루다

Let's **hold over** deciding until next week.
다음 주까지 결정을 연기합시다.

keep/hold/leave

'밖으로'의 out

leave out ~
~을 빼다, ~을 생략하다

You can leave out this word.
이 단어를 생략해도 됩니다.

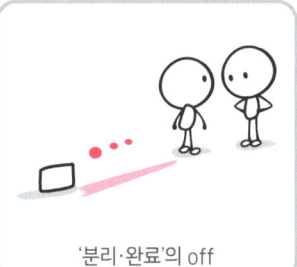
'분리·완료'의 off

leave off (~)
~을 그만두다, (비가) 그치다

Let's leave off this discussion for now.
이제 이 토론을 그만합시다.

'넘어서'의 over

leave ~ over
~을 남기다

We have lots of food left over.
남긴 음식이 많이 있다.

'목표·목적'의 for

leave for ~
~로 향하다

I'm leaving for Paris tomorrow.
내일 파리로 떠날 예정입니다.

09

take/give

take
자진해서 붙드는 '잡다'

give
스스로 무언가를 '내던지다'

핵심 이미지

'잡다'라는 의미의 take는 보내진 것이나 움직이지 않는 것을 자신의 자리에 거두어들임으로써, **자신의 의사로 스스로 가지러 가는** 이미지입니다. 이 의미에서는 '힘을 써서 빼앗다'라고 하는 경우에도 사용할 수 있습니다. give '주다'는 give & take라고 하는 말이 있듯이 take에 대립하는 말로, **자신의 자리로부터 무언가를 내던진다는** 이미지입니다.

take/give

I'll take this one.
(가게에서) 이걸로 하겠습니다.

상품으로 보내진 물건을 자기 자리에 가져오는 것은 take입니다. 가게에서 '이걸로 하겠습니다'라는 의미의 상투적인 말입니다.

He took me by the arm.
그는 나의 팔을 잡았다.

우격다짐으로 나의 팔을 잡는 것은 take입니다. How did he take you? '그가 너를 어떻게 잡았니?'의 질문에 대한 답글이 됩니다.

I'll give you a reward.
너에게 상을 줄 것이다.

이 문장에서는 '너에게 주고 싶은 것이 있는데, 그것은 상이다'라는 내용을 전하고 있습니다. 마지막의 reward가 강조됩니다.

I'll give a reward to you.
상을 너에게 줄 것이다.

이 문장에서는 '상을 주고 싶은 것은 바로 너에게다'라는 내용을 전하고 있습니다. 마지막의 to you가 강조됩니다.

'대상·대가'의 for

take *A* for *B*

A를 B라고 믿다

I took you for a conservative.
당신을 보수적인 사람이라고 믿었어요.

'추구·모방'의 after

take after ~

~을 닮다

You take after your mother.
당신은 어머니를 닮았어요.

'분리'의 away

take ~ away

~을 없애다, ~을 줄이다

The medicine took my pain away.
이 약을 먹었더니 통증이 없어졌다.

'분리'의 away

take ~ away

~을 가지고 가다

Can I take this away?
이것을 가지고 가도 될까요?

'원래대로'의 back

take ~ back

~을 되돌리다, ~을 돌려주다

I'll take this book back to the library.

이 책을 도서관에 반납할 거예요.

'뒤로·원래대로'의 back

take back ~

~을 철회하다, ~을 취소하다

I take back what I said.

제가 한 말을 철회하겠습니다.

'하강·안정'의 down

take down ~

~을 내려놓다, ~을 내리다

I must take down all the posters.

포스터를 모두 떼야겠어요.

'하강·안정'의 down

take down ~

~을 적어 두다, ~을 녹음하다

He took down everything I said.

그는 내가 말한 것 전부를 적어 두었다.

'안에'의 in

take in ~

~을 받아들이다, ~을 흡수하다

Let's go out and take in some fresh air.

나가서 신선한 공기를 마시자.

'안에'의 in

take in ~

~을 이해하다

I can't take in the news that she suddenly got married.

그녀의 갑작스러운 결혼 소식을 이해할 수 없어요.

'안에'의 in

take in ~

~을 묵게 하다, ~을 구류하다

This house takes in overseas travelers.

이 집은 외국인 여행자를 받아 줍니다.

'안에'의 in

take ~ in

~을 속이다

It seems I was taken in by that salesperson.

저 판매원에게 속은 것 같아.

take/give

'안에'의 in

take in ~

~을 줄이다, ~을 단축하다

Can you take in the waist on this skirt?

허리를 줄여 주시겠어요?

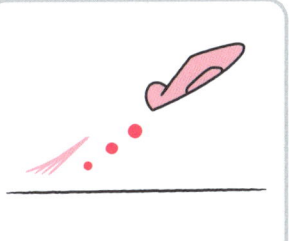

'분리'의 off

take off

이륙하다

The plane took off on schedule.

그 비행기는 정각에 이륙했다.

'분리'의 off

take ~ off

~을 벗다, ~을 벗기다

Please take your shoes off.

신발을 벗어 주세요.

'(일상으로부터의) 분리'의 off

take ~ off

~을 휴일로 하다

I want to take a day off.

하루 휴가를 내고 싶다.

'분리'의 off

take off ~

(가격)을 공제하다

Can you take off 10 percent?
10% 할인 되나요?

'접촉'의 on

take on ~

~을 고용하다, ~을 떠맡다

That company takes on many trainees.
그 회사는 많은 연수생을 고용하고 있다.

'접촉'의 on

take on ~

(책임)을 지다

He is afraid to take on heavy responsibilities.
그는 무거운 책임을 지는 것을 두려워한다.

'밖으로'의 out

take ~ out

~을 꺼내다(데리고 나가다), ~을 내다

He took me out to lunch.
그는 나를 점심식사에 데려다주었다.

take/give

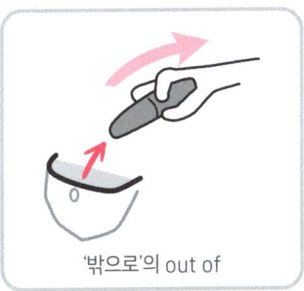

'밖으로'의 out of

take A out of B

B에서 A를 꺼내다

He took a pen out of his pocket.

그는 주머니에서 펜을 꺼냈다.

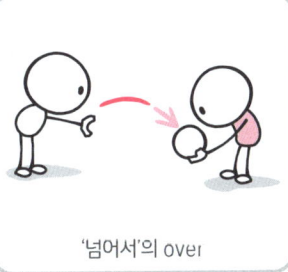

'넘어서'의 over

take over ~

~을 인수하다, ~을 탈취하다

Who will take over the business?

누가 회사를 인수하나요?

'도달점'의 to

take to ~

~을 좋아하게 되다, ~에 열중하다

We all took to her immediately.

곧 우리 모두는 그녀를 좋아하게 됐다.

'상승'의 up

take up ~

~을 들어 올리다, ~을 집어 들다

We'll take up this topic tomorrow.

내일 이 화제를 거론합시다.

'상승'의 up

take up ~
~을 시작하다

I took up the guitar when I was ten.
저는 10살 때 기타를 시작했습니다.

'완료'의 up

take up ~
(시간이나 장소)를 차지하다·자리잡다

The plants take up too much space.
그 식물은 너무 많은 자리를 차지한다.

'상승'의 up

take up ~
(옷의 기장)을 짧게 줄이다

Can you take up the hem?
옷자락을 줄여 주시겠어요?

'떨어져서'의 apart

take apart ~
~을 분해하다

He likes taking apart watches.
그는 손목시계를 분해하는 것을 좋아합니다.

take/give

'원래대로'의 back, '도달점'의 to

give A back (to B)

A를 (B에게) 돌려주다

Give it back to her.
그거, 그녀에게 돌려줘요.

'(양손을 올려) 상승'의 up

give up (~)

단념하다, ~을 그만두다

Don't give up too easily.
그렇게 쉽게 포기하지 마.

'분리'의 away

give ~ away

~을 공짜로 주다, ~을 나눠주다

I shouldn't have given all my toys away.
장난감을 전부 나누어 주지 말았어야 했다.

'분리'의 away

give away ~

(비밀)을 폭로하다·누설하다, (정체를 무심코) 드러내다

He gave away state secrets to Russia.
그는 러시아에 국가 기밀을 누설했다.

'안에'의 in

give in ~
~을 제출하다

He gave in the reports on time.
그는 제시간에 보고서를 제출했다.

'안에'의 in

give in
항복하다, 양도하다

She finally gave in to temptation.
그녀는 마침내 유혹에 졌다.

'분리'의 off

give off ~
(냄새·열·빛·소리)를 내다

This flower gives off a sweet smell.
이 꽃은 달콤한 냄새를 풍기고 있다.

'소멸'의 out

give out
떨어지다, 정지하다

Our food supplies gave out.
우리의 식량 공급은 떨어졌다.

take/give

'밖으로'의 out, '도달점'의 to

give out *A* (to *B*)

A를 (B에게) 나눠 주다

Can you give out these handouts to the students?

학생들에게 이 배포물을 나눠 주시겠어요?

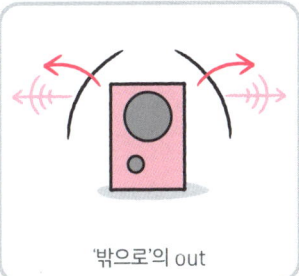

'밖으로'의 out

give out ~

(소리, 빛, 냄새)를 내다

That speaker gives out a buzz.

그 스피커는 웅웅거리는 소리를 낸다.

'넘어서'의 over

give over (~)

~을 넘기다, 맡기다

I gave over the thief to the police.

나는 경찰에게 그 도둑을 넘겼다.

'넘어서'의 over, '도달점'의 to

give *oneself* over to ~

~에 몰두하다, ~에 전념하다

Give yourself over to your work.

일에 전념해라.

look / see / watch

look
의식하면서 시선을 향해
'보다'

see
어떤 것을 시각으로 파악해
'보다', '보이다'

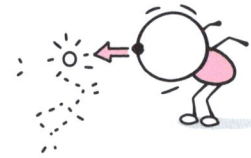

watch
의식을 집중시켜 빤히 '보다'

핵심 이미지

look은 어떤 특정한 사물을 보려고 의식하면서 **일정한 방향으로 시선을 향하는** 것으로, 실제로 보이는지 아닌지는 문제 되지 않습니다. see는 의식, 무의식과 관계없이 **대상을 시각적으로 파악해 머릿속으로 받아들이는** 것으로, 물리적인 것뿐만 아니라 내용적인 것을 보다, 즉, '확인하다', '조사하다', '이해하다' 등의 의미도 있습니다. watch는 움직이고 있는 것이나 움직일 가능성이 있는 것에 **의식을 집중시켜 오랫동안 보거나 관찰하는 것**입니다.

look/see/watch

Look at her bag.
그녀의 가방을 봐.

단순히 '~에 시선을 향하다'라는 것은 look at ~ 입니다.

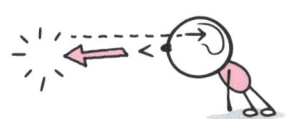

I looked but saw nothing.
보았지만 아무것도 보이지 않았다.

어떤 것을 보려고 시선을 향했지만, 아무것도 시각에 들어오지 않았다는 것을 전하고 있습니다.

How about going to see a movie in Ginza?
*Ginza: 일본 도쿄의 번화가

긴자에 영화를 보러 가는 것은 어때?

영화관의 거대 스크린 위에 비친 것이 자연스레 눈에 보인다는 것은 see입니다. 텔레비전이나 비디오 화면에 나오는 것을 눈으로 좇듯이 보는 것은 watch입니다.

Watch her bag for a moment.
잠깐 그녀의 가방을 봐.

누군가가 가져가지 않도록 의식을 집중시켜 보는 것은 watch입니다.

'목표·목적'의 for

look for ~

~을 찾다

Are you looking for anything?
무언가를 찾고 있나요?

'밖으로'의 out of

look out of ~

~의 밖을 보다

He looked out of the window.
그는 창문 밖을 내다보았다.

'통과'의 through

look through ~

~을 통해 보다, ~을 훑어보다, ~을 꿰뚫어보다

I have no time to look through the newspaper.
나는 신문을 훑어볼 시간이 없다.

'분리'의 away, '기점'의 from

look away from ~

~로부터 눈을 돌리다

She looked away from him.
그녀는 그로부터 눈을 돌렸다.

look/see/watch

'뒤로'의 back

look back
뒤돌아보다

He left without looking back.
그는 뒤돌아보지 않고 떠났다.

'뒤로'의 back, '대상'의 on

look back on ~
~을 회고하다, ~을 회상하다

I often look back on my school days.
자주 학창 시절 일을 회고한다.

'뒤로'의 after

look after ~
~을 돌보다

Can you look after my cat?
고양이를 돌봐줄 수 있으세요?

'하강'의 down

look down
아래를 보다, 아래를 향하다

He tried not to look down.
그는 아래를 보지 않으려고 했다.

'하강'의 down, '대상'의 on

look down on ~

~을 깔보다, ~을 경멸하다

I look down on him.
나는 그를 경멸한다.

'안에'의 in

look in (~)

~을 잠깐 들여다보다, 잠깐 들르다

Look in the mirror.
거울을 좀 봐.

'안으로·추구'의 into

look into ~

~을 조사하다, ~의 안을 들여다보다

The committee looked into the matter.
위원회는 그 건을 조사했다.

'넘어서·반복'의 over

look over ~

~을 훑어보다, ~을 조사하다

I'll look over your report later.
이따가 당신의 보고서를 훑어볼게요.

look/see/watch

'방향'의 to, '목표'의 for

look to A for B

A가 B를 주리라고 기대하다(기대다)

I looked to him for help.
그의 도움에 기댔다.

'상승'의 up

look up

올려다보다, 얼굴을 들다

Look up at the sky.
하늘을 올려다봐.

'상승·기세'의 up

look up

위를 향하다

Life is looking up.
생활은 좋아지고 있다.

'상승'의 up

look up ~

~을 찾다

Look up this word in a dictionary.
사전에서 이 단어를 찾으세요.

'상승'의 up, '방향'의 to

look up to ~
~을 존경하다, ~을 우러러 보다

Every student looks up to Mr. Sato.
어느 학생이나 Sato 선생님을 존경한다.

'접촉'의 on

look on
방관하다

They stood looking on in silence.
그들은 잠자코 방관하고 있었다.

'빙빙·주변'의 around

look around
둘러보다, 돌아보다

I'm just looking around.
그냥 둘러보고 있어요.

'밖으로'의 out

look/watch out
조심하다

Look out! There's a car coming.
조심해요! 차가 와요.

look/see/watch

'밖으로'의 out, '방향'의 for

look/watch out for ~

~을 지키다, ~에 주의하다

Look out for cars when you cross the road.

도로를 건널 때는 차에 주의하세요.

'상승'의 up, '하강'의 down

look ~ up and down

~을 훑어보다

Don't **look** me **up and down**.

훑어보지 마.

'분리'의 off

see ~ off

~을 배웅하다

They **saw** me **off** at the airport.

그들은 공항까지 나를 배웅해 주었다.

'방향·도달점'의 to

see to ~

~을 돌보다, ~을 처리하다

Who will **see to** the baby while you are away?

당신이 없는 동안 누가 아기를 돌봐 주나요?

11

stand/stay/sit

stand
'일어나는' 동작과 '일어서 있는' 상태

stay
그 자리에 '머무르는' 상태

sit
'앉는' 동작과 '앉아 있는' 상태

핵심 이미지

stand는 '서다', '일어나다'라는 **동작**과 '서 있다'라는 **상태**의 어떤 쪽이든 나타낼 수 있습니다. stay는 어떤 장소나 지위에 '머물다'라는 의미에서 어떤 상태로 **'그대로 있다'**라는 의미를 가집니다. 위쪽으로의 움직임에 궁합이 좋은 Stand up. '일어나세요'에 대해, 아래쪽으로의 움직임은 Sit down. '앉으세요'입니다. sit은 **'앉다'라는 동작**과 **'앉아 있다'라는 상태**의 어떤 쪽도 나타낼 수 있지만, stand보다 안정감 있는 이미지입니다.

stand/stay/sit

I can't stand this cold weather.
이런 추운 날씨를 견딜 수 없어.

추위나 더위 속에서 가만히 서 있을 수 없는 이미지에서 부정문으로 '~을 참을 수 없다'라는 의미가 됩니다.

I stood my umbrella against the wall.
벽에 우산을 기대어 세웠다.

stand에는 '~을 세우다'라는 의미의 타동사 용법도 있습니다.

I stayed at the Hotel Sheraton.
쉐라톤 호텔에 숙박했습니다.

쉐라톤 호텔에서 밤을 넘겨 머무르기 때문에 stay at ~ 하면 '~에서 묵다'라는 의미가 됩니다. '삼촌의 집에서 묵는다'는 stay at my uncle's (house)입니다.

Some birds are sitting on the electric wire.
전선에 새 몇 마리가 앉아있다.

sit에는 아무것도 안 하고 가만히 있는 상태를 나타내는 용법도 있습니다. sit at home all day라면 '온종일 아무것도 안 하고 집에 있다'입니다.

stand back from ~

~로부터 떨어진 곳에 있다,
~로부터 뒤로 물러나다

Will you stand back from the door?

문에서 떨어져 주시겠어요?

'후방'의 back, '기점'의 from

stand aside

옆으로 비키다, 방관하다

Stand aside and let us past.

옆으로 비켜서 지나가게 해주세요.

'옆으로'의 aside

stand by (~)

~을 지지하다, ~의 편을 들다, 대기하다

I'll stand by you whatever happens.

어떤 일이 있어도 당신을 지지합니다.

'근처에'의 by

stand for ~

~을 나타내다, ~을 위해 싸우다

What does TOEFL stand for?

TOEFL은 무엇의 약자인가요?

'대상·대가'의 for

stand/stay/sit

'밖으로·돌출'의 out

stand out

눈에 띄다, 두드러지다

The red flags stand out brightly against the blue sky.
붉은 깃발이 파란 하늘을 배경으로 밝게 두드러진다.

'상승'의 up, '목표'의 for

stand up for ~

~을 위해 일어서다, ~을 지키다

You should stand up for your rights.
당신의 권리를 위해 일어서야 합니다.

'상승'의 up, '대비'의 to

stand up to ~

~에 맞서다, ~에 견디다

He decided to stand up to the bully.
그는 불량배에 맞서기로 결심했다.

'하강'의 down

stand down

증인석에서 내려오다

The judge ordered him to stand down.
재판관은 그에게 증인석에서 내려오도록 명했다.

'하강·쇠퇴'의 down

stand down
사퇴하다, 입후보를 사퇴하다

He stood down from the scandal.
그는 스캔들로 사임했다.

'덮다'의 over

stand over ~
~을 감독하다, ~을 감시하다

I'll have to stand over him.
그를 감독해야 할 것이다.

'상승'의 up

stand ~ up
~을 내세우다, ~을 바람맞히다

I'm sorry I stood you up last night.
어제는 바람맞혀서 미안해요.

'빙빙·주변'의 around

stand around
아무것도 하지 않고 서 있다

He's always standing around and talking.
그는 항상 아무것도 하지 않고 서서 지껄이고 있다.

stand/stay/sit

'진행·계속'의 on

stay on
잔류하다, 계속하다

I'm going to stay on after school today.
오늘은 방과 후에 남습니다.

'분리'의 away, '기점'의 from

stay away from ~
~에 가까이 가지 않다, ~을 결석하다

Stay away from me.
나에게 가까이 오지 마.

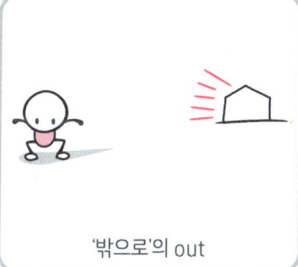

'밖으로'의 out

stay out
외출해 있다

Don't stay out late in the evening.
밤 늦게까지 외출해 있어서는 안됩니다.

'상승'의 up

stay up
자지 않고 있다

They stayed up in the evening.
그들은 밤을 새웠다.

'빙빙·주변'의 around

sit around
아무 것도 안 하고 멍하게 있다

I hate just sitting around.
그냥 아무것도 안 하고 멍하게 있는 게 싫어요.

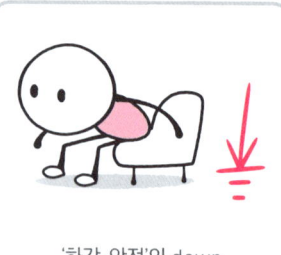
'하강·안정'의 down

sit down
차분히 자리를 잡다

Let's sit down and talk about our future.
차분히 앉아서 장래에 대해 이야기하자.

'상승'의 up

sit up
몸을 일으키다, 자세를 바로잡다

Sit up straight.
똑바로 앉으세요.

'상승'의 up

sit up
자지 않고 깨어 있다

I'll get back late, so don't sit up for me.
귀가가 늦어질 테니 일어나서 기다리지 마.

stand/stay/sit

'뒤로'의 back

sit back

깊게 앉다, 편안히 앉다, 마음 편히 있다

I want to sit back and enjoy the holiday.
느긋하게 휴일을 즐기고 싶다.

'목표·목적'의 for

sit for ~

(회화·사진 등)의 모델이 되다

She is sitting for her portrait.
그녀는 초상화의 모델이 되고 있다.

'안에'의 in, '대상'의 on

sit in on ~

(회의·수업)을 방청하다, 청강하다

Can I sit in on the lecture?
그 강의를 청강해도 됩니까?

'근처에'의 by

sit by

아무것도 안 하고 가만히 있다, 조용히 바라보다

I don't want to sit by and wait for him to come back.
가만히 있으면서 그가 돌아오기를 기다리는 것은 싫어요.

drop/fall

drop
쿵 하고 '떨어지다'

fall
팔랑팔랑 '떨어지다', '쓰러지다'

> **핵심 이미지**
>
> drop은 비교적 무게감이 있는 물건이 중력의 법칙에 따라 공기 저항을 느끼지 않고 가속을 붙이며 직선적으로 떨어지는 이미지로, **돌발성이나 의외성을 암시**합니다. **'뚝 떨어지다'나 '쿵 떨어지다'**라는 느낌이에요. 타동사로 '~을 떨어뜨리다'라는 의미로 사용할 수도 있습니다. fall은 중력에 저항하는 힘이나 버팀목을 잃고 **공기 저항을 받으면서 떨어지는 것**으로 그 **떨어지는 과정**에 초점을 맞추고 있지만, 꼭 수직 방향으로 낙하하지 않아도 됩니다.

drop/fall

Don't drop litter in the street.
거리에 쓰레기를 버리지 마세요.

타동사의 '~을 떨어뜨리다'라는 의미로는, 의도적으로 떨어뜨리는 경우에도 실수로 떨어뜨리는 경우에도 사용할 수 있습니다.

Prices are dropping these days.
최근, 물가가 급격히 떨어지고 있다.

가속하며 급격히 물가가 떨어지는 것은 drop입니다. 완만한 물가 하락이라면 fall입니다.

The leaves are falling from the trees.
잎이 나무에서 떨어지고 있다.

나뭇잎이 바람에 날려 하늘하늘 떨어지는 것처럼, 중력에 저항하는 힘이나 버팀목을 잃고 공기의 저항을 받으며 떨어지는 것은 fall입니다.

He slipped and fell down.
그는 미끄러져 넘어졌다.

사람이 넘어지거나, 지진으로 건물이 무너지거나, 나무가 강풍에 넘어지거나 하는 낙하도 모두 fall입니다.

'(순간의) 분리'의 off

drop off
꾸벅꾸벅 졸다

I dropped off on the train and missed my stop.
열차에서 꾸벅꾸벅 졸다가 내릴 곳을 지나쳐 버렸다.

'분리'의 off

drop ~ off
~을 내려놓다

Will you drop me off at the next corner?
다음 모퉁이에서 저를 내려 주시겠어요?

'밖으로'의 out, '분리'의 of

drop out (of ~)
(~을) 중퇴하다

He dropped out of college.
그는 대학을 중퇴했다.

'근처에'의 by

drop by (~)
(~에) 들르다

Can I drop by your office this afternoon?
오늘 오후에 회사에 들러도 될까요?

'안에'의 in, '접촉'의 on, '장소의 한 지점'의 at

drop in (on/at ~)

(~에) 잠깐 들르다, 불시에 방문하다

Drop in on me anytime.
언제든지 들르세요.

'연속 동작'의 away

drop/fall away

한 사람씩 떠나다

His friends dropped away over the years because of his bad attitude.
최근 몇 년간 그의 나쁜 태도 때문에 친구들이 한 명씩 떠나갔다.

'넘어서'의 over

drop over

불쑥 들르다

Drop over to my place any time.
언제라도 들러 주세요.

'뒤로'의 back

fall back

후퇴하다, 뒷걸음질치다

The soldiers had to fall back.
병사들은 후퇴할 수밖에 없었다.

'뒤로'의 back, '버팀목'의 on

fall back on ~

~에 의지하다, ~을 최후의 기댈 곳으로 하다

He had no relatives to fall back on.

그는 의지할 친척이 없었다.

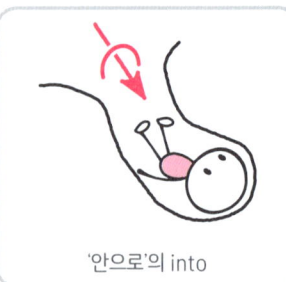

'안으로'의 into

fall into ~

~로 떨어지다, ~에 빠지다, (적의 손)에 넘어가다

He easily fell into a trap.

그는 쉽게 함정에 빠졌다.

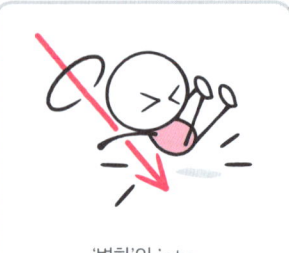

'변화'의 into

fall into ~

(모르는 사이에) ~의 상태가 되다, ~에 빠지다, ~에 들르다

He fell into the habit of drinking.

그는 음주 습관을 들여버렸다.

'접촉·대상'의 on

fall on ~

(행사 등이) ~에 해당되다

My birthday falls on a Sunday this year.

올해 나의 생일은 일요일이 됩니다.

drop/fall

'밖으로'의 out

fall out
(이나 머리카락이) 빠지다

The medication made his hair fall out.
투약으로 그의 머리카락은 빠졌다.

'넘어서'의 over

fall over ~
~에 걸려 넘어지다

He fell over a stone.
그는 돌에 걸려 넘어졌다.

'이유'의 for

fall for ~
(속임수)에 속다·걸리다, ~에 열중하다

I won't fall for such a stupid trick.
그런 어리석은 속임수에는 속지 않을 거예요.

'통과'의 through

fall through
실패로 끝나다

His plan fell through after all.
그의 계획은 결국 실패로 끝났다.

225

13

make/let

make
손을 대서 '만들다', 강제로 '시키다'

let
원하는 대로 '시키다'

핵심 이미지

make는 '어떤 것에 손대어 무언가를 만들다'에서 **'어떤 상태를 만들어 내다'**나 **'~시키다'**라는 사역의 의미가 생깁니다. 사역의 의미에서는 강제력을 갖지만, 물건이 주어인 경우에는 해당하지 않습니다. 또 다른 사역동사인 let은 **원하는 대로 '~시키다'라는 허가**를 나타냅니다. '겨울왕국'으로 한 시대를 풍미했던 Let it go. '있는 그대로'는 '그대로 가게 해라'가 원래 의미입니다.

make/let

I'll make you a sandwich.
샌드위치를 만들어 줄게.

빵에 손대어 샌드위치를 만드는 것은 make 입니다. 불을 사용해 조리하는 것이라면 cook 이죠.

The news made us happy.
그 소식은 우리를 기쁘게 했다.

'그 소식은 우리의 기분을 기쁜 상태로 만들어 냈다'가 원래의 의미입니다.

The teacher made his student stand up.
선생은 학생을 일으켜 세웠다.

싫어하는 학생을 강제로 세우는 것은 make 입니다. '학생이 일어날 수밖에 없는 상황을 선생이 만들었다'가 원래 의미입니다.

Let me take one more picture.
한 장 더 찍게 해주세요.

내가 원하는 대로 '한 장 더 사진을 찍게 해주세요'라는 허가를 구하는 것은 let입니다.

'밖으로'의 out, '분리'의 of

be made out of ~

(재료가 다시 이용되어) ~로 되어있다

This chair is made out of scrap wood.

이 의자는 폐목재로 되어있다.

'기점'의 from

be made from ~

(원료가) ~로 되어있다

Wine is made from grapes.

와인은 포도로 만들어졌다.

'변화'의 into

be made into ~

~로 가공되다

Milk is made into cheese.

우유는 치즈로 가공된다.

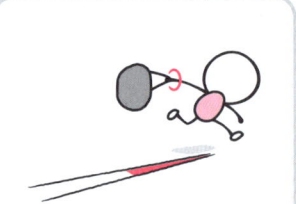

'분리'의 away, '함께'의 with

make away with ~

~을 가지고 도망치다

The thief made away with the jewelry.

도둑은 보석류를 가지고 도망쳤다.

make/let

'완료'의 out

make out ~
~을 작성하다, ~을 쓰다

Please make out a bill for these goods.
이 상품의 청구서를 써 주세요.

'완료'의 out

make out ~
~을 이해하다

I can't make out what he said.
그가 말했던 것을 이해할 수 없다.

'상승'의 up

make up (~)
(~을) 화장을 하다

Oh, no! I forgot to make up my face.
어머, 이런! 화장하는 것을 잊었어.

'상승'의 up

make up ~
~을 꾸며내다

Did you make up this story?
당신이 이 이야기를 꾸며냈나요?

'상승'의 up

make up ~

~을 조직하다, ~을 구성하다

There are fifty states that make up the United States.
50개 주가 미합중국을 구성한다.

'상승'의 up, '함께'의 with

make up (with ~)

(~와) 화해를 하다

Did you make up with her?
그녀와 화해했나요?

'상승'의 up, '대상'의 for

make up for ~

~을 벌충하다, ~을 보상하다

I have to make up for lost time.
뒤떨어진 시간을 만회해야 한다.

'반복'의 over

make over ~

~을 다시 하다, ~을 다시 만들다

I had the tailor make over my pants.
재단사님께 바지를 다시 만들게(고치게) 했다.

make/let

'하강'의 down

let down ~

~을 내리다

The climber let down the rope to the others below.

그 등산자는 아래 등산자에게 로프를 내렸다.

'하강'의 down

let ~ down

~을 실망시키다, ~을 배신하다

Don't let me down.

실망시키지 마.

'안에'의 in

let in ~

~을 안에 들이다

He opened the window to let in fresh air.

그는 신선한 공기를 들이기 위해 창문을 열었다.

'밖으로'의 out

let ~ out

~을 내놓다, ~을 해방하다

He let the bird out of the cage.

그는 새장에서 새를 풀어주었다.

'밖으로'의 out

let out ~

(비밀)을 (무심코) 말하다·누설하다

Don't let out this secret.
이 비밀은 말하지 마.

'밖으로'의 out

let out ~

(목소리나 외침)을 내다

He let out a cry of despair.
그는 절망의 고함을 질렀다.

'상승·완료'의 up

let up

약해지다

The rain didn't let up yesterday.
어제 비는 그치지 않았다.

'분리'의 off

let off ~

(탈것으로부터) ~을 내리다

The bus stopped to let off the passengers.
버스는 멈춰서 승객을 내렸다.

make/let

'분리·개시'의 off

let off ~

~을 발사시키다, ~을 폭발시키다

Someone is letting off fireworks near my house.
집 근처에서 누군가가 불꽃을 쏘아 올리고 있다.

'통과'의 through

let through ~

~을 통과시키다

We were let through to the backstage with our special passes.
우리는 특별 출입증으로 무대 뒤로 통과되었다.

'접촉'의 on

let on ~

(비밀)을 누설하다, ~을 발설하다

Don't let on that I told you.
내가 너에게 말했다고 발설하지 마.

'안으로'의 into

let A into B

A를 B에 들어가게 하다·통과시키다

Let him into the room.
그를 방에 들여보내 주세요.

14

run / work / move

run
일정한 속도를 유지하며 '움직이다'

work
기계나 설비가 '움직이다'

move
'이동하다'

핵심 이미지

run은 도중에 끊김 없이 일정한 속도를 유지하며 매끄럽게 **'움직이다'**, **'달린다'**는 것입니다. 타동사라면 '~을 움직이다', '~을 달리게 하다'입니다. work는 원래의 기능을 다하는 것으로 주어가 사람이라면 목표를 향해 '일하다', 기계·설비가 주어라면 **'작동하다'**, 계획이라면 **'잘 되다'** 등의 의미가 됩니다. move는 위치를 변화시키는 것으로 물건의 위치를 변화시키면 **'움직이게 하다'**, **'움직이다'**, 사람의 기분을 변화시키면 **'감동시키다'** 입니다.

run/work/move

The buses run every fifteen minutes.
버스는 15분마다 온다.

15분 간격으로 일정 속도를 유지하며 버스가 운행되는 것은 run입니다.

He runs a shoe factory.
그는 신발 공장을 경영하고 있습니다.

신발 제조를 위해 공장을 일정한 속도로 가동시키고 있는 이미지입니다. run은 타동사로는 '~을 움직이다', '~을 경영하다'의 의미가 됩니다.

This machine works by electricity.
이 기계는 전기로 작동한다.

기계가 본래의 기능을 다하여 '작동한다'는 것은 work입니다.

I was moved to tears by the movie.
이 영화에 감동해서 눈물을 글썽이고 말았다.

사람의 마음을 움직여 눈물짓게 하는 것은 move입니다.

'추구'의 after

run after ~

~을 뒤쫓다, ~을 쫓아다니다

The cat is running after a mouse.

고양이가 쥐를 뒤쫓고 있다.

'분리'의 away

run away

도망치다, 피하다

He ran away when he saw a police officer.

그는 경찰관을 보고 도망쳤다.

'분리'의 away, '함께'의 with

run away with ~

~와 눈이 맞아 달아나다,
~을 손쉽게 획득하다

The Reds ran away with the championship.

레즈 팀이 우승을 손쉽게 획득했다.

'하강'의 down

run down ~

~을 뛰어 내려가다

Don't run down the stairs.

계단을 뛰어 내려가지 마세요.

run/work/move

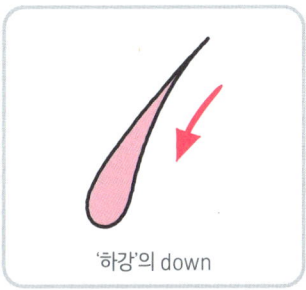
'하강'의 down

run down (~)
(~을) 흘러내리다

Tears started running down his cheeks.
눈물이 그의 뺨 위로 흘러내리기 시작했다.

'하강'의 down

run down ~
~을 쓰러뜨리다

The dog was run down by a car.
그 개는 차에 치였다.

'정지'의 down

run down (~)
(전지가) 방전되다, (전지)를 다 쓰다

The battery has run down.
전지가 다 떨어졌다.

'안으로'의 into

run into ~
~에 부딪히다, ~를 우연히 만나다

I ran into an old friend for the first time in ten years.
10년 만에 옛 친구를 우연히 만났다.

237

'개시'의 off

run off ~

~을 인쇄하다(복사하다)

Let me run off a few more copies.

조금 더 복사하게 해 주세요.

'분리'의 off

run off ~

~을 달려서 줄이다

You need to run off some of your excess energy.

당신은 과잉 에너지를 달려서 줄여야 합니다.

'분리'의 off, '함께'의 with

run off with ~

~와 사랑의 도피를 하다

His wife has run off with another man.

그의 아내는 다른 남자와 사랑의 도피를 했다.

'분리'의 off

run off

서둘러 떠나다

I must run off now. It looks like rain.

그만 돌아가야겠어. 비가 올 것 같아서.

run/work/move

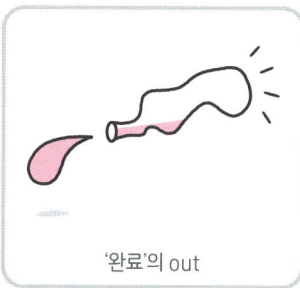

'완료'의 out

run out

다하다, 없어지다

My money is running out.
내 돈이 떨어지고 있어.

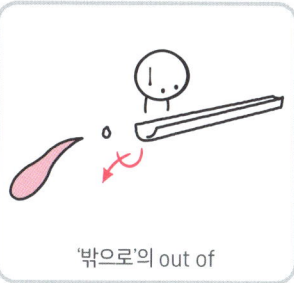

'밖으로'의 out of

run out of ~

~을 다 써버리다

We are running out of water.
우리는 물이 다 떨어져 가고 있다.

'넘어서'의 over

run over

넘치다

The bath water is running over.
목욕물이 넘치고 있다.

'넘어서'의 over

run over ~

~을 치다

The box was run over by a truck.
그 상자는 트럭에 치였다.

'넘어서'의 over

run over ~

~을 대충 훑어보다

I have to run over my lines tonight.

오늘 밤 대사를 훑어보아야 해.

'넘어서'의 over, '도달점'의 to

run over to ~

서둘러 ~에 다녀오다

Can you run over to the convenience store?

편의점까지 서둘러 다녀와 줄래?

'접근'의 up, '도달점'의 to

run up to ~

~에 달려가다

A big dog ran up to me.

큰 개가 나에게 달려왔다.

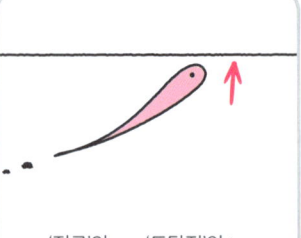

'접근'의 up, '도달점'의 to

run up to ~

(빚이나 금액이) ~에 이르다

His debt ran up to two million dollars.

그의 빚은 200만 달러에 달했다.

run/work/move

'분리'의 off

work off ~
운동해서 ~을 발산시키다(풀다, 줄이다)

He decided to work off his extra weight.
그는 운동해서 여분의 체중을 빼기로 결정했다.

'상승'의 up

work ~ up
~을 흥분시키다

Don't work yourself up over nothing.
아무것도 아닌 걸로 흥분하지 마.

'대상'의 on

work on ~
~에 몰두하다

She's working on a new project.
그녀는 지금 새로운 기획에 몰두해 있다.

'대상'의 on

work on ~
~에 작용하다, ~에 영향을 주다

This medicine didn't work on me.
그 약은 나에게 효과가 없었다.

'밖으로'의 out

work out
운동하다, 몸을 단련하다

I usually work out on the weekends.
저는 보통 주말에 운동해요.

'완료'의 out

work out ~
~을 해결하다, ~을 이해하다

How did you work out the problem?
어떻게 그 문제를 해결하셨나요?

'완료'의 out

work out
잘 되다, (결과) ~가 되다, ~을 완수하다

Everything will work out all right.
모든 것은 잘 될 거예요.

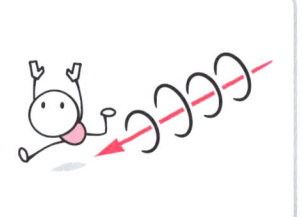

'통과'의 through

work through ~
~을 극복하다, ~을 애쓰면서 하다

He worked through his difficulties.
그는 고난을 극복했다.

run/work/move

'평행이동'의 along

move along
(방해되지 않도록) 이동하다

Move along, please.
(멈추지 말고) 앞으로 나아가세요.

'평행이동'의 along

move along
(일이) 진행되다, 진전되다

The construction of the subway is moving along.
지하철 공사가 점점 진행되고 있다.

'안에'의 in

move in
이사 오다

When are you moving in?
언제 이사 오니?

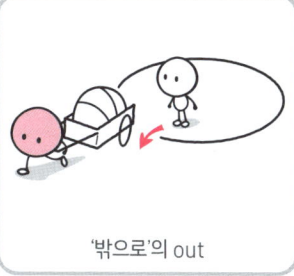
'밖으로'의 out

move out
이사 가다, 퇴거하다

When are you moving out?
언제 이사 가니?

'밖으로'의 out of

move out of ~
(길)을 비우다, ~에서 나오다

Could you move out of the way?
길을 비켜 주시겠어요?

'분리'의 away

move away
떠나다

He moved away when I was a child.
그는 내가 어렸을 때 이사 갔다.

'넘어서'의 over

move over
(다른 이에게 공간을 만들어주기 위해) 몸을 움직이다

Will you move over a little?
조금 옆으로 가주시겠어요?

'하강'의 down

move down
내려가다, 내리다

Move down, please.
내려가 주세요.

run/work/move

'진행'의 on, '도달점'의 to

move on (to ~)
(다음 단계·작업·화제)로 이동하다

Let's move on to the next subject.
다음 화제로 넘어가 보죠.

'상승·기세'의 up

move up
(보통 in the world를 이어서) 출세하다

This is your last chance to move up in the world.
이것이 출세할 마지막 기회다.

'상승·기세'의 up

move up
(주식·가격이) 올라가다, 올리다

The yen moved up against the dollar this week.
이번 주, 달러에 대해 엔화가 올랐다.

'빙빙·주변'의 around

move around
주거를 전전하다

We moved around a lot because of my father's job.
아버지의 직업 때문에 이사를 자주 다녔다.

break/cut

break
힘을 가해 한순간에 '부수다'

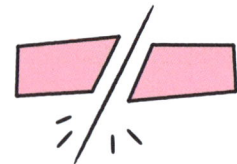

cut
예리한 물건으로 싹둑 '자르다'

핵심 이미지

break는 외적인 힘을 가해 안정 상태에 있는 사물을 **한순간에 두 개 이상으로 분열·분산시키는** 것입니다. 부수는(부서지는) 대상은 형태가 있는 것뿐만 아니라 기록이나 마음 등 형태가 없는 것도 포함되어 있습니다. 잠깐 쉬고 커피를 마시는 휴식은 coffee break, 크리스마스 휴가는 Christmas break인데 이렇게 시간의 흐름을 중단하는 것도 break입니다. cut은 가위나 칼 등 **예리한 물건으로 두 개 이상으로 분산시키는** 것으로, 싹둑 자르는 이미지입니다.

break/cut

The thief broke the window.
도둑은 창문을 깼다.

폭력적인 힘을 가해 창문을 부수는 것은 break입니다.

Let's break for coffee.
잠깐 쉬면서 커피 마셔요.

이 경우 부수는 대상은 일입니다. 휴식을 위해 일을 잠시 중단하는 것은 break입니다.

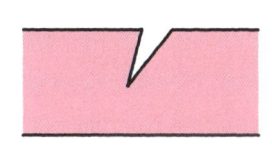

I cut my finger with a knife.
칼로 손가락을 베고 말았다.

cut은 의도적으로 '자르는' 것이 대부분이지만, 이와 같이 실수로 자르는 것도 cut입니다.

I'd like to have my hair cut short.
머리를 짧게 잘라주셨으면 하는데요.

가위나 이발 기계로 머리카락을 싹둑 자르는 것은 cut입니다.

'분리'의 away, '기점'의 from

break away (from ~)

(~로부터 몸부림쳐) 도망치다

He tried to break away from the police officer.
그는 경찰관을 뿌리치고 도망가려고 했다.

'분리'의 away, '기점'의 from

break away (from ~)

(~로부터) 독립·이탈하다

He wanted to break away from the party.
그는 탈당하고 싶어 했다.

'분리'의 away, '기점'의 from

break away/off (from ~)

(~와) 관계를 끊다

They can't break away from old habits in their relationship.
그들은 관계에서의 오래된 습관을 끊지 못한다.

'하강'의 down

break down ~

~을 쳐부수다

The police broke down the door to get into the house.
경찰이 문을 부수고 집에 들어갔다.

break/cut

'하강·정지'의 down

break down

고장 나다, 결렬되다, 컨디션을 해치다

My car broke down in the middle of the road.

내 차는 길 한가운데에서 고장 났다.

'정지'의 down

break down ~

(장애·곤란)을 극복하다

It takes a long time to break down old prejudices.

오래된 편견을 극복하는 데는 시간이 걸린다.

'안으로'의 into

break into ~

~에 침입하다, ~에 강제로 들어가다

My apartment was broken into last night.

어젯밤 내 아파트에 도둑이 들었다.

'변화'의 into

break into ~

갑자기 ~하기 시작하다

The child broke into tears.

그 아이는 갑자기 울기 시작했다.

249

'분리'의 off

break off (~)

(일부가) 떨어지다, 찢어지다, ~을 뜯어내다

The wings of the toy plane had broken off.

장난감 비행기의 양 날개가 떨어져 나갔다.

'중단'의 off

break off

휴식하다

The meeting broke off for lunch.

회의는 점심때 잠시 휴식했다.

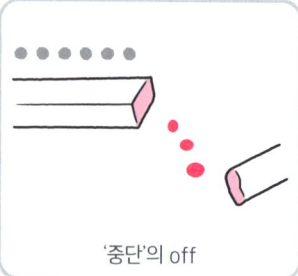

'중단'의 off

break off

갑자기 말을 멈추다

He broke off in the middle of his sentence.

그는 이야기 도중에 갑자기 말을 멈췄다.

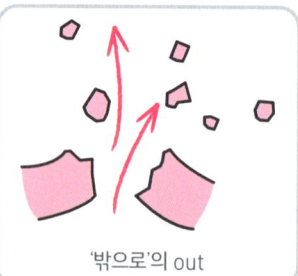

'밖으로'의 out

break out

발발하다

A big fire broke out in my neighborhood last night.

어젯밤 우리 동네에서 큰 화재가 일어났다.

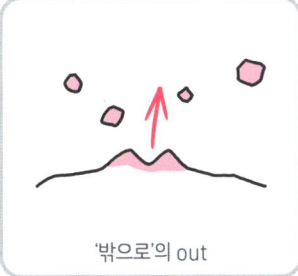

'밖으로'의 out

break out
(땀이나 뾰루지가) 나다

I break out in a rash when I eat eggs.
나는 달걀을 먹으면 두드러기가 난다.

'통과'의 through

break through (~)
(~을) 돌파하다, ~을 쳐부수다

The crowd broke through the barrier.
군중은 울타리를 쳐부쉈다.

'통과'의 through

break through (~)
(태양이나 달이 구름 사이에서) 나타나다

The sun broke through the clouds.
태양이 구름 사이에서 나타났다.

'상승·소멸'의 up

break up
산산조각이 나다

The small boat broke up on the rocks.
그 작은 배는 암초를 만나 산산조각이 났다.

'완료'의 up

break up

끝나다, 해산하다

The meeting broke up on schedule.

회의는 예정대로 끝났다.

'완료'의 up, '함께'의 with

break up with ~

~와 헤어지다

When did you break up with her?

그녀와 언제 헤어졌나요?

'안에'의 in

break in

이야기에 끼어들다

Don't break in with such a stupid question.

어리석은 질문하며 참견하지 마.

'안에'의 in

break in

강제로 들어가다, 침입하다

The thief broke in through the kitchen window.

도둑은 부엌 창문으로 침입했다.

break/cut

'하강·쇠퇴'의 down

cut down ~

~을 베어 쓰러뜨리다, (가격·양)을 줄이다

He's cutting down a tree with a chainsaw.

그는 전기톱으로 나무를 베어내고 있다.

'하강·쇠퇴'의 down, '대상'의 on

cut down on ~

(수·양)을 줄이다

He decided to cut down on coffee and cigarettes.

그는 커피와 담배의 양을 줄이기로 결정했다.

'안에'의 in

cut in

끼어들다

Don't cut in on our conversation.

우리 대화에 끼어들지 마.

'분리'의 away

cut away ~

(불필요한 부분)을 잘라 내다

He is cutting away the dead branches.

그는 죽은 가지를 잘라 내고 있다.

253

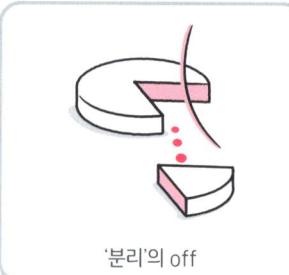

'분리'의 off

cut off ~

~을 잘라내다, ~을 떼어내다

Can you cut off a piece of cake for me?

케이크 한 조각을 잘라 주시겠어요?

'소실·중단'의 off

cut off ~

(가스·전기 등의 공급)을 중단하다

The water supply has been cut off.

물 공급이 끊겼다.

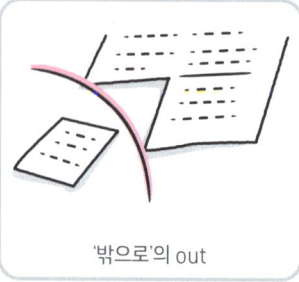

'밖으로'의 out

cut out ~

~을 잘라내다

I cut out my photo from the newspaper.

나는 신문에서 나의 사진을 잘라냈다.

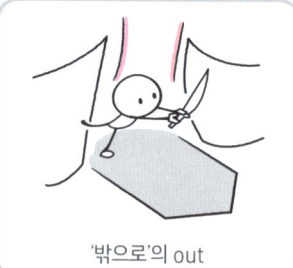

'밖으로'의 out

cut out ~

(길을) 내다

They were cutting out a path through the forest.

그들은 숲을 지나는 길을 내고 있었다.

'밖으로'의 out

be cut out
적합하다, 적임이다

She is cut out to be a teacher.
그녀는 교사에 적합하다.

'완료'의 up

cut up ~
~을 잘게 썰다

Will you cut up these carrots?
이 당근을 잘게 썰어 주시겠어요?

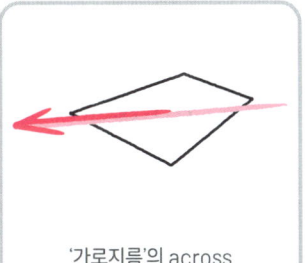
'가로지름'의 across

cut across ~
~을 가로질러 지름길로 가다

We cut across the park.
우리는 공원을 가로질러 지름길로 갔다.

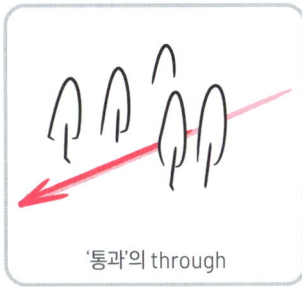
'통과'의 through

cut through ~
~을 통과해 나아가다, ~을 통과하다

We cut through the forest.
우리는 숲을 통과해 나아갔다.

pass/hand

pass
'지나가다', '건네다'

hand
직접 '건네다'

핵심 이미지

트럼프 게임의 패스, 축구나 농구의 패스처럼 pass의 핵심 이미지는 **'눈앞을 통과시키다'** 입니다. 통과시키는 것은 물리적인 것뿐만 아니라 시간적인 것이나 추상적인 것도 포함됩니다. 자동사로 사용하면 '통과하다', '사라지다', '끝나다' 등의 의미를 나타냅니다. hand는 자신의 의사로 상대에게 **직접적으로 건네주거나 상대에게 손을 내밀어 어떤 방향으로 인도하는** 이미지입니다.

pass/hand

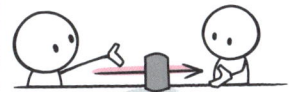

Will you pass me the salt?
소금 좀 건네주시겠어요?

패스하는 것은 카드나 공만이 아닙니다. 상대 가까이에 있는 어떤 것을 건네주는 것도 pass 입니다.

I passed the time reading all day.
온종일 독서로 시간을 때웠다.

독서를 하면서 시간을 보내는 것도 pass입니다.

A dump truck passed my car.
덤프트럭이 내 차를 앞질렀다.

눈앞을 덤프트럭이 지나가는 것도 pass입니다.

He handed me the baby.
그는 나에게 아기를 넘겨주었다.

상대가 자신의 의사로 나에게 손을 내밀어, 떨어진 사이로 건네는 행위는 hand입니다.

'소실'의 away

pass away
죽다

My father passed away at age 58.

아버지는 58세에 돌아가셨다.

'근처'의 by

pass by (~)
(~을) 지나가다, 시간이 흐르다

I saw a parade passing by.

퍼레이드가 지나가는 게 보였다.

'대상·대가'의 for

pass for ~
(가짜 따위가) ~로 통하다

I think you'd pass for 18.

당신이 18살로 통할 거라고 생각합니다.

'진행·계속'의 on

pass on
척척 나아가다

Let's pass on to the next subject.

다음 화제로 넘어가 보죠.

pass/hand

'소멸'의 out

pass out
의식을 잃다

He passed out from heatstroke.
그는 열사병으로 의식을 잃었다.

'넘어서'의 over

pass over ~
~을 못 보다, ~을 무시하다

We'd better pass over his remark.
그의 발언을 무시하는 편이 좋습니다.

'통과'의 through

pass through (~)
~을 경험하다, (~을) 통과하다

You should pass through many difficulties while young.
젊었을 때 고생을 많이 경험하는 편이 좋아요.

'상승·소멸'의 up

pass up ~
(기회)를 놓치다, 거절하다

Don't pass up a chance like this.
이런 기회를 놓쳐서는 안 됩니다.

'빙빙·주변'의 around

pass/hand around ~

~을 차례차례 돌리다

Please pass around the cookies.

쿠키를 돌리세요.

'밖으로'의 out

hand/pass out ~

~을 배포하다

I saw him handing out flyers on the street.

그가 길에서 전단지를 돌리는 것을 보았다.

'하강'의 down

hand down ~

~을 (후세에) 전하다

This story has been handed down for generations.

이 이야기는 몇 세대에 걸쳐 전해져 왔다.

'원래대로'의 back

hand ~ back to

~을 (소유주에게) 되돌려주다

I handed the dictionary back to him.

그에게 그 사전을 되돌려 주었어요.

pass/hand

'하강'의 down

hand down ~

(판결, 결정)을 선고하다

The judge handed down a life sentence.

판사는 종신형을 선고했다.

'안에'의 in

hand in ~

~을 제출하다

I have to hand in my report by tomorrow.

내일까지 리포트를 제출해야 한다.

'넘어서'의 over

hand over ~

~을 건네다

The robber handed over his gun to the police officer.

강도는 경찰관에게 총을 건네주었다.

'넘어서'의 over

hand over ~

~을 양도하다, ~을 인도하다

He handed over the house to his daughter.

그는 딸에게 그 집을 양도했다.

throw/pick

throw
'던지다'

pick
'따다'

핵심 이미지

throw는 팔을 돌려 손을 틀거나 비틀면서 '던지는' 것입니다. 팔이나 손 등을 사용해 힘차고 재빠른 움직임으로, 무게를 느끼게 하는 물건이 **손으로부터 멀어질 때까지의 행위**에 초점이 맞춰져 있습니다. pick은 '쿡쿡 쪼다'라는 의미의 peck과 같은 어원이지만, 새가 쪼아 먹이를 먹는다는 이미지에서 **'따다'**, 또는 깊게 생각하지 않고 그때의 기분이나 감으로 **'고르다'**라는 의미를 갖게 되었습니다.

throw/pick

I was thrown off the horse.
나는 말에서 떨어졌다.

말이 온몸을 써서 나를 몸에서 떨어뜨렸다는 이미지입니다.

She threw her arms around me.
그녀는 나를 덥석 안았다.

'그녀는 팔을 나의 주변에 내던졌다'가 직역입니다만, throw의 재빠른 움직임을 나타내고 있습니다.

The bird picked meat from the bone.
새가 뼈에서 고기를 쪼아먹었다.

말 그대로 새가 뼈를 쪼아 먹이가 되는 고기를 뜯는 이미지입니다.

Pick a number from one to ten.
1부터 10까지 중에서 하나 고르세요.

그때의 기분이나 감으로 고르는 것은 pick입니다.

'빙빙·주변'의 around

throw around ~

(돈을) 낭비하다, ~을 퍼뜨리다

He has a lot of money to throw around.

그에게는 낭비할 돈이 많이 있다.

'분리'의 away

throw away ~

~을 내팽개치다

Don't throw away trash on the street.

거리에 쓰레기를 버리지 마.

'분리'의 away

throw away ~

~을 놓치다

Don't throw away this chance.

이 기회를 놓치지 마.

'분리'의 off

throw off ~

~을 고치다

I just can't throw off this cold.

아무리 해도 이 감기가 낫지 않아.

throw/pick

'분리'의 off

throw off ~

(습관)을 끊다

I just can't throw off my drinking habit.

도저히 음주 습관을 끊을 수 없어.

'분리'의 off

throw off ~

~을 벗어 던지다

He threw off his shirt.

그는 셔츠를 벗어 던졌다.

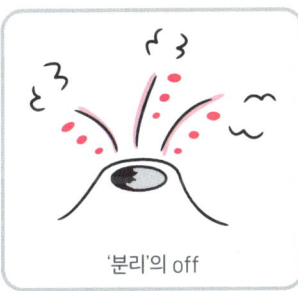

'분리'의 off

throw off ~

(열·빛·냄새 등)을 (대량으로) 내다

The volcano was throwing off ash and smoke.

그 화산은 재와 연기를 내뿜고 있었다.

'분리'의 off

throw off ~

~로부터 벗어나다

He managed to throw off the paparazzi.

그는 가까스로 파파라치로부터 벗어났다.

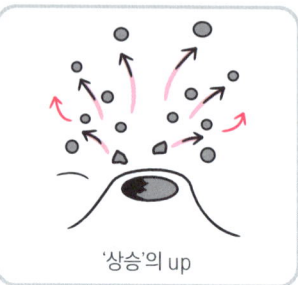

'상승'의 up

throw up ~
(흙·먼지 등)을 솟구치게 하다

The volcano was throwing up hot rocks.
그 화산은 용암을 솟구치게 하고 있었다.

'상승'의 up

throw up (~)
(~을) 토하다

I'm going to throw up.
토할 것 같아요.

'상승·완료'의 up

throw up ~
~을 내팽개치다

He threw up his hands in despair.
그는 절망하여 두 손을 들었다.
→ 그는 절망하여 포기했다.

'안에'의 in

throw in ~
~을 던져 넣다

He'll never throw in the towel.
그는 절대로 수건을 던져 넣지 않을 거예요.
→ 그는 절대로 항복하지 않을 거예요.

'안에'의 in

throw in ~
~을 덤으로 주다

I bought a table and they threw in a chair.
테이블을 샀더니 의자를 덤으로 주었다.

'함께'의 together

throw together ~
(요리)를 급하게 만들다,
~을 급하게 긁어모으다

I'll throw together a quick lunch.
서둘러 간단한 점심을 만들겠어요.

'접촉'의 on

throw on ~
(의복)을 휙 입다, ~을 아무렇게나 입다

She threw on her gown.
그녀는 가운을 휙 입었다.

'밖으로'의 out of

throw A out of B
B에서 A를 내쫓다

He was thrown out of work.
그는 직장에서 쫓겨났다. → 그는 실직했다.

'분리'의 off

pick A off B

B에서 A를 잡아 따다, B에서 A를 잡아 뜯다

Don't pick any apples off this tree.

이 나무에서 사과를 따지 마.

'밖으로'의 out

pick out ~

~을 골라내다, ~을 고르다

You can pick out any fruit you like.

좋아하는 어떤 과일이든 고를 수 있어요.

'상승'의 up

pick up ~

~을 줍다

He picked up a wallet from the floor.

그는 바닥에 떨어져 있는 지갑을 주웠다.

'상승'의 up

pick ~ up

~을 (차로) 데리러 가다

Will you pick me up at 3 p.m.?

오후 3시에 저를 데리러 와 주시겠어요?

throw/pick

'상승'의 up

pick up ~
~을 (자연히) 몸에 익히다,
~을 귀로 듣고 배우다

He picked up French in a year.
그는 1년 만에 프랑스어를 익혔다.

'상승'의 up

pick up ~
(사람)을 꼬시다 (작업을 걸다)

He tried to pick up a girl at a party.
그는 파티에서 여자를 꼬시려고 했다.

'상승'의 up

pick up
(경기·질병·날씨 등이) 회복하다

The economy is picking up these days.
최근 경기가 회복하고 있다.

'상승'의 up

pick up ~
~을 (내친김에) 사다, ~을 (싸게) 손에 넣다

Can you pick up some milk on your way home?
집에 오는 길에 우유 좀 사다 줄래?

색인

A

about	112
across	104
add up (~)	39
after	104
agree to ~	74
agree with	91
ahead	116
aim A at B	66
along	104
along with ~	105
amount to ~	74, 105
apart	120
apply for ~	80
around	112
arrive at	63
arrive in	59
aside	96
aside from ~	97
ask ~ out	54
ask/call for ~	79
at	62
away	28

B

back	116
be based on ~	71
be bound for ~	78
be covered with ~	92
be crowded with ~	92
be cut out ~	255
be dressed in ~	61
be dying for ~	78
be equipped with ~	92
be faced with ~	95
be filled with ~	92
be furnished with ~	93
be involved in ~	60
be made from ~	228
be made into ~	228
be made of ~	87
be made out of ~	228
be presented with ~	93
be surprised at ~	66
believe in ~	61
belong to ~	75
blow up (~)	43
boil away	31
boil over	50
break	246
break away (from ~)	248
break away/off (from ~)	248
break down	249
break down ~	248, 249
break in	252
break into ~	249
break into pieces	101
break off	250
break off (~)	250
break out	250, 251
break through (~)	251
break up	251, 252
break up with ~	252
bring	156

bring about ~	158
bring back ~	158
bring down ~	159
bring out ~	159
bring up ~	158
brush up (on ~)	40
bump into ~	102
burn down (~)	47
burn up (~)	41
burst into ~	103
by	96

C

call at ~	64
call (~) back	118
call off ~	34
call on ~	70
calm down (~)	47
carry	156
carry A back to B	160
carry away ~	160
carry off ~	160
carry on (with ~)	161
carry out ~	161
carry over ~	161
carry through with ~	161
catch at ~	67
catch up (with ~)	40
change into ~	102
chase after ~	106
cheat A out of B	110
check in (~)	60
clear A of B	88
clear off ~	35
clear up	42
clear up ~	42
come	126

come about	129
come across ~	129
come along	107
come along with ~	129
come around	114
come by	98
come by (~)	131
come down	131
come from ~	128
come in (~)	128
come into ~	128
come off	129
come on	130
come out	130
come over	128
come through	130
come together	122
come up	131
come up to ~	131
come up with ~	130
compare A with B	95
compete with ~	95
complain of ~	89
concentrate on	69
consist of ~	89
correspond with ~	94
count up	38
count ~ in	60
count ~ out	56
cross out ~	57
cross over ~	50
cry away	29
cry for ~	79
cry over ~	51
cure A of B	88
cut	246
cut across ~	255
cut away ~	253
cut down on ~	253

271

cut down ~	253
cut in	253
cut off ~	254
cut out ~	254
cut through ~	255
cut up ~	255

D

day after day	105
deal with ~	93
depend on ~	69
die away	31
die down	47
die from ~	84
die out	57
differ from ~	84
dig up ~	38
dispose of ~	88
divide A into B	102
down	44
draw	172
draw back (~)	178
draw out ~	178
draw up ~	178
drink up (~)	41
drive at ~	67
drive away	30
drop	220
drop by (~)	222
drop in (on/at	223
drop off	222
drop out (of~)	222
drop over	223
drop ~ off	222
drop/fall away	223

E

eat out	54
eat up (~)	41
elbow ~ aside	99
end up (~)	42
exchange A for B	81

F

fade away	31
fall	220
fall apart	123
fall back	223
fall back on ~	224
fall down	46, 221
fall for ~	225
fall into ~	224
fall off (~)	34
fall on ~	224
fall out	225
fall over ~	225
fall through	225
feed on ~	70
fill in ~	61
fill out ~	57
fill ~ up	41
find out ~	54
finish off	33
flow through ~	111
fly over	49
fly up	37
for	76
forward	116
free of charge	87
from	82

G

gather up ~	38
gaze at ~	65
get	148
get (~) up	150
get across ~	150
get ahead	153
get along with ~	152
get angry at ~	65
get around ~	150
get at ~	153
get away	153
get down (~)	153
get down to ~	154
get in	154
get into ~	154, 155
get off (~)	152
get on	152
get on (~)	152
get out	151
get out of ~	151
get over ~	151
get through ~	151
get to ~	150
get together	122
give	192
give A back (to B)	201
give away	201
give in	202
give in ~	202
give off ~	202
give oneself over to ~	203
give out	202
give out A (to B)	203
give out ~	203
give over (~)	203
give up (~)	201
give ~ away	201
glance at ~	64
go	132
go (out) with ~	136
go after ~	134
go ahead	119
go along	107
go along with ~	107
go along ~	106
go around	115, 134
go away	30, 134
go by	136
go down	134, 135
go for ~	139
go into ~	139
go into detail	101
go off	137
go off (with ~)	137
go on	138
go on (~ing)	138
go out	53, 136
go out of sight	110
go (out) with ~	136
go over ~	138
go over to ~	137
go through (~)	138
go through ~	139
go together	122
go up	135
go up to ~	135
go with ~	136
grow into ~	103
grow up	37

H

hand	256
hand ~ back to	260

hand down ~	260, 261
hand in ~	261
hand over ~	261
hand/pass out ~	260
hang around (~)	115
hang on to ~	71
hang out ~	55
hang up	39
head for ~	78
hear of ~	89
hold	182
hold back ~	188
hold down ~	188, 189
hold in ~	190
hold off ~	189
hold on	189
hold on to ~	189
hold out	190
hold out ~	190
hold over ~	190
hold up ~	188
hope for ~	79
hurry up	40

I

in	58
independent of ~	87
into	100

K

keep	182
keep ~ away	187
keep away from ~	187
keep back	184
keep back ~	184
keep down	184
keep off (~)	185
keep on ~ing	186
keep out (~)	185
keep to ~	187
keep up	185
keep up with ~	186
keep ~ down	185
keep ~ from	83
keep A from ~ing	186
keep ~ in	186
keep (~) to oneself	187
kick off	33

L

laugh at ~	64
laugh away/off ~	30
lay aside ~	99
lay down ~	46
lay off ~	34
lay out ~	55, 56
lead to ~	74
lean over	50
leave	182
leave for ~	191
leave off (~)	191
leave out ~	191
leave ~ over	191
let	226
let A into B	233
let down ~	231
let in ~	231
let off ~	232, 233
let on ~	233
let out ~	232
let through ~	233
let up	232

let ~ down	231
let ~ out	231
lie down	46
lie in	59
line up (~)	42
listen to ~	74
live on (~)	71
live together	122
lock up ~	43
long for ~	80
look	204
look after ~	207
look around	210
look at ~	205
look away from ~	206
look back	207
look back on ~	207
look down	207
look down on ~	208
look for ~	206
look forward to ~	117
look in (~)	208
look into ~	208
look on	210
look out of ~	206
look over ~	208
look to A for B	209
look up	209
look up to ~	210
look up ~	209
look ~ up and down	211
look through ~	206
look/watch out	210
look/watch out for ~	211

M

make	226
make A from B	83
make a guess at ~	67
make away with ~	228
make out ~	229
make over ~	230
make up ~	229, 230
make up (~)	229
make up for ~	230
make up (with ~)	230
make ~ from	83
melt away	30
melt down	45
melt into ~	102
mix with ~	94
move	234
move along	243
move around	245
move away	244
move down	244
move in	243
move off	35
move on (to ~)	245
move out	243
move out of ~	244
move over	244
move up	245

N

name A after B	106

O

object to ~	75
of	86
off	32
on	68

on and on	69
out	52
out of	108
over	48

P

pass	256
pass/hand around ~	260
pass away	258
pass by (~)	258
pass for ~	258
pass on	258
pass out	259
pass over ~	259
pass through (~)	259
pass up ~	259
pay A for B	81
pay off ~	35
pick	262
pick A off B	268
pick out ~	268
pick up	269
pick up ~	268, 269
pick ~ up	268
plant A with B	94
point A at B	66
point out ~	54
prefer A to B	75
press	172
press A on B	181
press into ~	181
press/push for ~	181
press/push on with ~	181
prevent A from ~ing	85
prohibit A from ~ing	85
provide A with B	93
pull	172

pull back (~)	174
pull down ~	174
pull in	174
pull in ~	175
pull off ~	175
pull on ~	175
pull out	176
pull out ~	176
pull over	176
pull through (~)	177
pull together	177
pull up (~)	177
pull up ~	176, 177
push	172
push forward (with ~)	180
push off	179
push out ~	180
push over ~	179
push up ~	180
push ~ around	179
push aside ~	180
push ~ through	179
put	162
put (~) out	169
put (~) up	168
put A into B	165, 166
put down ~	167
put in	165
put in ~	165
put off ~	169
put on ~	167
put oneself forward	118
put up with ~	169
put aside ~	164
put ~ away	164
put ~ back	164, 165
put ~ down	45, 166
put ~ forward	119
put ~ on	167, 168

put A through to B	169
put ~ together	166
put (~) up	168

Q

quarrel with ~	91

R

rain off and on	71
reach for ~	81
reach out to ~	55
read ~ through	111
refrain from ~	85
rely on ~	70
replace A with B	94
result from ~	85
rob A of B	88
roll over	51
run	234
run across ~	107
run after ~	236
run around	115
run away	236
run away with ~	236
run by	98
run down (~)	237
run down ~	236, 237
run into ~	237
run off	238
run off with ~	238
run off ~	238
run out	239
run out of ~	239
run over	239
run over to ~	240
run over ~	239, 240
run up to ~	240

S

search for ~	79
see	204
see through ~	111
see ~ off	211
see ~ through	111
see to ~	211
seek after ~	106
set	162
set about ~	171
set ~ aside	98
set in	170
set off	170
set off ~	170
set out	170, 171
set up ~	171
settle down	45
shoot at ~	67
shop around	115
shout at ~	65
show off ~	34
show up	38
shut up ~	43
shut/close down ~	47
sit	212
sit around	218
sit back	219
sit by	219
sit down	218
sit for ~	219
sit in on ~	219
sit up	218
slow down	45
smile at ~	64

277

sniff at ~	66
speak about ~	114
speak of ~	89
speak out	56
speak up	39
speed up	37
stand	212
stand around	216
stand aside	214
stand back from ~	214
stand by (~)	214
stand down	215, 216
stand for ~	214
stand on one's feet	69
stand out	215
stand over ~	216
stand up for ~	215
stand up to ~	215
stand ~ up	216
stare at ~	65
start off	35
start over	49
stay	212
stay at ~	213
stay away from ~	217
stay in	61
stay on	217
stay out	217
stay out of ~	110
stay up	217
step aside	99
step back	118
step forward	118
stick (~) out	56
stick to ~	75
stop by	98
stop over	50
stretch out (~)	55
struggle with ~	95

substitute *A* for *B*	81
suffer from ~	84
swim away	29
switch off	33

T

take	156, 192
take *A* for *B*	194
take *A* out of *B*	199
take after ~	194
take apart ~	123, 200
take back ~	195
take down ~	195
take in ~	196, 197
take off	197
take off ~	198
take on ~	198
take over ~	199
take part in ~	60
take to ~	199
take up ~	199, 200
take ~ apart	123
take ~ away	194
take ~ back	195
take ~ in	196
take ~ off	197
take ~ out	198
talk *A* into ~ing	103
talk *A* out of ~ing	110
talk about ~	114
talk over ~	51
tell *A* from *B*	84
tell ~ apart	123
think about ~	114
think of	87
think over ~	51
through	108

throw	262
throw around ~	264
throw away ~	264
throw in ~	266, 267
throw off ~	264, 265
throw on ~	267
throw together ~	267
throw up (~)	266
throw up ~	266
throw A out of B	267
to	72
together	120
together with ~	121
translate A into B	103
try ~ on	70
turn	140
turn around	141, 142
turn away	143
turn back	143
turn down ~	144
turn in ~	147
turn into ~	144
turn off (~)	145
turn on (~)	145
turn out (~)	146
turn out ~	147
turn over	144
turn over (~)	143
turn to ~	142, 143
turn up	145, 146
turn ~ around	142
turn ~ inside out	147
turn ~ upside down	147

U

up	36
use up ~	40

V

vote for ~	78

W

wait for ~	80
wake (~) up	39
watch	204
wear out (~)	57
wish for ~	80
with	90
work	234
work away	31
work off ~	241
work on ~	241
work out	242
work out ~	242
work through ~	242
work ~ up	241
write down ~	46

마치며

 작년 여름에 오랜만에 영국을 방문해 3주간의 기차 여행을 즐겼습니다. 일등석에서의 쾌적한 이동이었지만, 차량의 게시판에 나오는 영어와 차내 방송을 듣고 그야말로 갑자기 눈이 번쩍 뜨이는 생각을 했습니다.

 그것은 This train calls at Leeds. '이 열차는 리즈역에 도착합니다'라는 표현이었습니다. 열차가 Leeds Station에 도착하면 일본의 역처럼, Leeds라고 알려주는 콜(알림, 외침)이 있는 것입니다. 역시 열차가 Leeds역에 정차해 call 하는 것으로부터, call at ~ '~에서 멈추다, ~을 방문하다'라고 하는 거구나! 원어민은 이런 식으로 체험을 통해 call at ~ 이라고 하는 숙어를 배우는 거구나!라는 당연하지만 매우 신선한 발견이었습니다.

 고교 시절을 돌아보면, 저의 숙어 기억법에는 큰 문제가 있었습니다. 예를 들면, '방문하다'라는 의미의 숙어를 'call at ~(장소)' 'call on ~(사람)'과 같이, 그대로 외우는 것에 시간을 할애했던 것입니다. 한번 배운 것도 잠시 후에 뭐가 뭔지 구별할 수 없게 되어, at home이니까 at은 '장소', on은 '사람' 이런 식으로 외우기도 했습니다.

 그러나 그런 것으로 시간을 낭비할 필요 없이, at은 '장소의 한 점', on은 '(사람과의) 접촉'이라고만 기억해 두면 헛된 시간을 들일 일도 없었을 것입니다.

전치사인 at이 '장소의 한 점'을 나타내는 것을 안다면, '~에 도착하다'라는 의미의 arrive in ~과 arrive at ~의 차이도 간단히 이해할 수 있습니다.

여러분 중에서는 in은 '넓은 장소', at은 '좁은 한정된 장소'라고 기억하고 있는 분은 없으신가요? 저 자신도 고등학생 때는 arrive in Tokyo = '도쿄에 도착하다', arrive at Tokyo Station = '도쿄역에 도착하다'의 형태로 기억하고 있었습니다. 그러나 어느 때 영어 신문에서 The President arrived at Tokyo. '대통령이 도쿄에 도착했다'라는 문장을 보고 '어라? 이거 틀렸네!'라고 생각한 적이 있습니다.

말할 것도 없이, 틀린 것은 제 쪽이었습니다. at은 '좁은 장소'가 아니라 '장소의 한 점'이라고 인식했다면 문제없던 것입니다. 요컨대, 미국 대통령이 해외 순방 도중에 도쿄에 들렀다는 것으로, 도쿄를 지도상의 한 점으로 인식한 것이 되어 오히려 at 쪽이 자연스러운 영어가 됩니다. 물론 대통령이 해외 순방이 아니라 도쿄에만 왔다고 하면, The President arrived in Tokyo. 가 자연스러운 표현이 됩니다.

제가 고등학교 교사 8년 차에 진학반을 담당하고 있었을 때, '선생님, 어떤 참고서를 추천하세요?'라고 학생들로부터 질문받는 일이 있었습니다. 그때부터 전치사와 부사의 중요성을 통감했던 바, 대학 입학시험에도 영숙어의 출제율이 높았기도 해서 그런 종류의 책을 찾아봤지만, 어디에서도 찾을 수 없었습니다.

그렇다면 '스스로 만들 수밖에 없다'라고 결심하여, 하나씩 하나씩 숙어에 일러스트를 달아가며 '전치사·부사 중심의 영숙어집'이라는 프린트를 작성해, 매주 학생들에게 나누어 주게 되었습니다. 일러스트가 들어간 프린트를 학생들이 즐겁게 학습하던 모습이 지금도 뇌리에 선명하게 새겨져 있습니다.

저의 첫 책인 '파워풀 영숙어 1000'을 일영사라고 하는 대학 수험 전문 출판사에서 내게 된 것은 몇 년이 지난 후의 일이었습니다. 물론 모든 영숙어에 일러스트를 붙이는 것을 바랐지만, 제작비상 불가능해서 단념할 수밖에 없었습니다.

그것으로부터 30년 이상의 세월이 흐른 지금, 그사이 계속 세상의 빛을 보지 못했던 구상이 『영숙어 덕분에 영어 공부가 쉬워졌습니다(원제: 英熟語図鑑)』라는 형태로 실현된 것은 이를 데 없는 기쁨입니다. 말하자면 이 책은 저의 영어 교사 인생을 집대성한 책이라고 생각하고 있습니다.

시미즈 켄지

이 책을 만든 사람들

[저자]

시미즈 켄지(清水建二)

도쿄에서 태어나 사이타마 현립 고시가야키타 고등학교를 졸업하고 조치대학 문학부 영문학과에 들어갔다. 졸업 후에는 가이드 통역사, 도신 하이스쿨 강사, 진학의 명문 현립 우라와 고등학교 등을 거쳐 현재는 사이타마 현립 시로오카 고등학교 교사로 재직 중이다. 기초부터 상급까지 알기 쉽게 가르치는 독특한 교육법으로 정평이 나 있고, '시미켄'이라는 애칭으로 불리며 학생들과 친밀한 사이로 지내고 있다. 이 책에서는 문장을 담당했다.

스즈키 히로시(すずきひろし)

가나가와 현에서 태어나 영어 교사, 영어 교재 개발자, 일러스트레이터로 활약 중이다. 영어 문법이나 단어의 의미를 일러스트로 알기 쉽게 명시화하는 방법을 추구한다. 가나가와 현의 사가미오노에서 문을 연 '어른을 위한 영어 학원'이나 문화센터에서 초보 영어, 비즈니스 영어 등의 강좌를 통해 평생 학습을 지원한다. 이 책에서는 일러스트의 원안을 담당했다.

[일러스트레이터]

혼마 아키후미(本間昭文)

1977년에 태어나 2006년부터 프리랜서 일러스트레이터로 광고와 서적 분야를 중심으로 활약 중이다. 이 책에서는 그림 그리는 것을 담당했다.

[역자]

(주)키출판사 편집부

<미국교과서 읽는 리딩>, <매3> 시리즈, <덕분에> 시리즈, <매일 10분 기적> 시리즈 등 유·초등부터 중고등 교재, 성인 학습서에 이르기까지 유수의 베스트셀러, 스테디셀러를 출판해 오고 있다. "교육 R&D에 앞서가는 키출판사"라는 슬로건 아래 아동 발달론, 외국어 교육학 등 다양한 연구 결과를 바탕으로 누구나 쉽게 따라올 수 있는 '반드시 성공할 수밖에 없는 교육'을 위한 콘텐츠 개발에 힘쓰고 있다.

쉽고 재미있게 배우는 영숙어 그림책
영숙어 덕분에 영어 공부가 쉬워졌습니다

초판 3쇄 발행 2024년 9월

저자
시미즈 켄지, 스즈키 히로시

역자
(주)키출판사 편집부

펴낸이	**펴낸곳**	**등록**
김기중	(주)키출판사	1980년 3월 19일(제16-32호)

전화	**팩스**	**주소**
1644-8808	02)733-1595	(06258) 서울시 강남구 강남대로 292, 5층

정가	**ISBN**
15,000원	979-11-6526-084-2 (13740)

Copyright © 2020 시미즈 켄지(清水建二), 스즈키 히로시(すずきひろし)
잘못 만들어진 책은 구입처에서 바꿔 드립니다. 이 책의 무단 복제, 복사, 전재는 저작권법에 저촉됩니다.

EIJUKUGOZUKAN by Kenji Shimizu, Hiroshi Suzuki
Illustrated by Akifumi Honma
Copyright © 2020 Kenji Shimizu, Hiroshi Suzuki
Korean translation copyright © 2021 by Key Publications
All rights reserved.
Original Japanese edition published by KANKI PUBLISHING INC.

This Korean edition published by arrangement with KANKI PUBLISHING INC., Tokyo, through HonnoKizuna, Inc., Tokyo, and Imprima Korea Agency.

이 책의 한국어판 저작권은 HonnoKizuna Inc.와 Imprima Korea Agency를 통해 KANKI PUBLISHING INC.와의 독점계약으로 키출판사에 있습니다. 저작권법에 의해 한국 내에서 보호를 받는 저작물이므로 무단전재와 무단복제를 금합니다.

원고 투고

키출판사는 저자와 함께 성장하길 원합니다. 사회에 유익하고 독자에게 도움 되는 원고가 준비되신 분은 망설이지 말고 Key의 문을 두드려 보세요. Key와 함께 성장할 수 있습니다.   **company@keymedia.co.kr**